U0348577

# 管理基本功

Basic Skills of Management

成为卓越管理者的十项基础管理技能

**曾双喜**——— 著

机械工业出版社
CHINA MACHINE PRESS

**图书在版编目（CIP）数据**

管理基本功：成为卓越管理者的十项基础管理技能 /
曾双喜著 . -- 北京：机械工业出版社，2025. 3.
ISBN 978-7-111-77707-6

Ⅰ. F272

中国国家版本馆 CIP 数据核字第 202585BY92 号

机械工业出版社（北京市百万庄大街 22 号　邮政编码 100037）
策划编辑：白　婕　　　　　　　　责任编辑：白　婕
责任校对：刘　雪　马荣华　景　飞　　责任印制：单爱军
保定市中画美凯印刷有限公司印刷
2025 年 4 月第 1 版第 1 次印刷
170mm×230mm·16.75 印张·1 插页·167 千字
标准书号：ISBN 978-7-111-77707-6
定价：69.00 元

电话服务　　　　　　　　　网络服务
客服电话：010-88361066　　机 工 官 网：www.cmpbook.com
　　　　　010-88379833　　机 工 官 博：weibo.com/cmp1952
　　　　　010-68326294　　金 书 网：www.golden-book.com
**封底无防伪标均为盗版**　　机工教育服务网：www.cmpedu.com

# 作者介绍

**曾双喜（Steven Tsang）**

- 组织发展与人才管理专家，高级经济师，高级人力资源管理师，曾受聘担任广东省国资委特聘面试评委、三亚市人力资源开发局特约讲师。

- 知名产业互联网公司人力资源负责人，从事过工程师、咨询师、讲师、区域负责人、人力资源总监等多种工作。

- 在《中欧商业评论》等杂志发表多篇文章，获《人力资源》杂志"金牌作者"荣誉称号，著有《超级面试官》《盘活人才资产》等多本畅销书。运营个人公众号"才经评论"（ID：talent12358）。邮箱：zengshuangxi@qq.com。

# 管理基本功

曾楚为 十岁书

封面题词 曾楚为（十岁）

# 赞　誉

（按姓氏笔画排序）

《管理基本功》是一本源自作者一线实践的管理佳作。书中沉淀了作者在实际工作里摸爬滚打总结的经验，对管理自我、管理任务、管理团队都进行了体系化透彻剖析。没有空洞理论，全是实战智慧，案例丰富鲜活。新手读之，可快速入门，构建管理思维框架；老手品之，能查漏补缺，突破管理瓶颈。这本书将助你在管理征途上，夯实基础，行稳致远，打造卓越团队。

王国彬　第七届深圳市政协委员，土巴兔集团创始人兼CEO

《管理基本功》就像一本武功秘籍，从逻辑思维的精妙心法到团队建设的上乘招式，书中的每项技能都如同凌厉的剑法，直击管理要害。它既有理论上的价值定位，又有深入浅出的实战案例，就像武林高手分享自己的战斗经验，让每一位研读此书的人都能身临其境，轻松掌握管理精髓。

李锋　第十四届上海市政协委员，上海市青年

企业家协会副会长，高顿教育创始人

　　《管理基本功》是一本接地气且实用的管理指南。书中通过简洁明了的语言和实际案例，深入探讨了时间管理、会议组织、团队建设等关键技能。内容紧贴职场实际，适合不同层次的管理者，不仅帮助读者解决日常管理难题，也为提升领导力提供了明确的路径。它是一部从基础到实践的管理宝典。

陈家太　深圳市赛尔美电子科技有限公司创始人、董事长

　　《管理基本功》是一本为管理者量身打造的实用书。书中以"价值定位、问题洞察、方法提炼、操作指引、实战案例"为框架，用平实的语言将复杂的管理方法与技能娓娓道来。这本书为读者的管理之路点亮了明灯，在阅读过程中，读者会感到自己仿佛能穿越层层迷雾。

顾庆伟　北京鼎汉技术集团股份有限公司创始人、董事长

　　《管理基本功》通过价值定位明确管理核心，通过问题洞察揭示管理痛点，通过方法提炼提供解决思路，通过操作指引确保方法落地可行，通过实战案例加深理解应用。这本书条理清晰、内容翔实，无论是初出茅庐的新手，还是久经沙场的老将，都能从中获益匪浅，这本书值得反复研读。

曹瑞安　舒客集团联合创始人兼 CEO

# 自序

## 管理的基石

我常常被一个问题所困扰：为什么有些管理人员能够在纷繁复杂的管理工作中表现得游刃有余，而有些人则时常陷入困境？多年的管理经验和无数次的观察让我逐渐明白，那些在管理岗位上表现出色的人，并非拥有所谓的"高超技巧"或"神秘法门"，而是回归到了管理的基石——管理基本功。

何为管理基本功？简单来说，它是指那些在日常管理工作中不可或缺、看似简单却至关重要的技能。比如，如何组织一场高效的会议，确保信息的有效传递和决策的迅速制定；如何进行一次深入的面试，确定应聘者的真实能力，发掘出应聘者的潜力；如何与员工进行面对面的沟通，了解他们的需求，解决他们的问题，从而激发他们的工作热情。这些看似简单的技能，正是管理的基石，是我们成为优秀管理者的关键所在。

然而，在如今的各类管理培训中，我们往往过于追求那些高端和前沿的管理理论，而忽视了这些技能的训练。这样的结果就是，很多管理者空有一肚子的管理知识，却在实际操作中屡屡碰壁，无法将所学转化为所用。

因此，我深感有必要对管理基本功进行重新审视和强调。在我看来，管理培训的首要任务应该是帮助管理者打好管理基本功，让他们真正掌握那些在实际工作中能够用得上的技能。只有这样，他们才能在复杂多变的管理环境中立于不败之地。

本书的构思就是在这样的背景下诞生的。我希望通过本书，能够向广大管理者传递一个清晰的信息：管理并不神秘，也不复杂，管理者需要的是对管理基本功的深刻理解和熟练运用。同时，我也希望本书能够成为管理者日常工作的指南，帮助大家更好地应对各种管理挑战。

在撰写本书的过程中，我回顾了自己多年的管理经验，也借鉴了许多优秀管理者的实践案例。我试图将这些宝贵的经验和智慧以通俗易懂的方式呈现出来，让每一位读者都能够从中受益。同时，我也深知自己的知识储备和能力有限，因此我保持谦逊和开放的态度，欢迎读者提出宝贵的意见和建议。

本书的撰写过程并非一帆风顺。本书从最初的构思到最终的定稿，经历了无数次的修改和完善，我五易其稿，历时两年。每一个章节、每一个段落甚至每一个词语的选择，都经过了反复的思考和推敲。我希望通过这样的打磨和雕琢，能够让本书更加贴近读者的实际需求，更加具有实用性和可操作性。

在书稿即将付梓之际，我想对所有支持我的读者表示衷心的感谢，是你们的关注和支持，让我有动力继续前行。我也希望本书能够成为你们职业生涯中的指引，帮助你们在管理的道路上走得更远、更稳。同时，要感谢过去对我的工作给予指导和帮助的各位领导，你们在工作中展现出来的管理能力让我受益匪浅，并让我体会到管理基本功的重要性，尤其是在土巴兔工作期间，我收获了很多管理上的知识。感谢机械工业出版社各级领导对本书内容的肯定，感谢本书编辑对书稿提出的指导建议。感谢好友白静恩对本书出版提供的帮助。此外，我还要感谢儿子曾楚为为本书题写书名，这其实也以一种独特的方式对管理基本功进行了诠释。

当然，本书的出版只是我对管理基本功思考和探索的起点。我相信在未来的日子里，随着管理方法的不断发展和变化，我们还需要对管理基本功进行更深入的研究和探讨。因此我诚挚地邀请广大读者和同行一起参与到这个过程中来，共同推动管理学科的发展和创新。

最后，我想说的是，管理既是一门艺术，也是一门科学，还是一门手艺，需要刻意练习。在追求卓越的路上，愿本书能成为各位前行的一盏明灯，推动管理工作取得创新突破。

2025 年 2 月于羊城

# 目 录

## 上篇　管理自我

# 中篇　管理任务

## 下篇　管理团队

# 掌握基本功，管理变轻松

## 被严重低估的基础管理

在过去的管理学理念中，一些专家学者往往认为，企业无法依靠高质量的基础管理获得成功，因为这太容易被复制了。基础管理是每家企业都要做的常规工作，把它做到极致，并不能直接帮助企业在激烈竞争中获得可持续优势。按照这个观点，企业必须确立独特的战略定位，做竞争对手不做的事情。

然而，美国学者拉斐拉·萨顿（Raffaella Sadun）、尼古拉斯·布鲁姆（Nicholas Bloom）、约翰·范莱宁（John Van Reenen）的一项研究表明，高质量的基础管理非常重要，而且难以复制。<sup>⊖</sup>他

---

⊖ 观点来自《被严重低估的基础管理》。

们针对 34 个国家的 1.2 万家企业开展了 2 万次采访，得出如图 0-1
所示的几个主要结论。

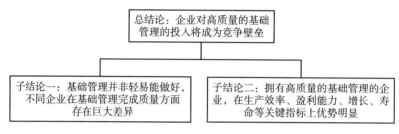

图 0-1　拉斐拉等学者对基础管理的研究结论

**子结论一：基础管理并非轻易能做好，不同企业在基础管理完成质量方面存在巨大差异。**

对很多组织来说，实现高质量的基础管理仍是巨大的挑战，即便是善于学习、架构完善的企业也经常遭遇困难。很多我们关注的基础管理实践早已为人熟知，但应用中的困难在不同国家和行业仍普遍存在。过去 10 多年间，研究人员对几家企业进行多次回访，发现基础管理实践应用程度的显著差异能保持很久，并且令人惊讶的是：同一家企业内部也存在显著差异，即便是最大、最成功的企业也很难让最佳实践贯彻整个组织，有些部门运转良好，有些部门则举步维艰。

**子结论二：拥有高质量的基础管理的企业，在生产效率、盈利能力、增长、寿命等关键指标上优势明显，即基础管理实践的长期显著差异，与企业表现的长期显著差异有相关性。**

收集的数据显示，基础管理质量更高的企业盈利能力更强、增长更快、寿命更长。相比基础管理质量排名最末 10% 的企业，排名前

10% 的企业平均利润多出 1500 万美元、年增长速度高 25%、生产效率高 75%；后者的研发投入和专利数量均为前者的 10 倍，这表明严格的基础管理并未影响创新。这些企业同样更能吸引优秀人才，且员工福利更好。在几乎所有国家和行业中，这种相关性都非常明显。

也就是说，要想打造高质量的基础管理，企业需要付出很多努力；但是对高质量的基础管理的投入，将成为企业重要的竞争壁垒。如果企业的基础管理不达标，无论战略多么杰出都是徒劳；如果企业的基础管理很扎实，那么企业就能够以此为依托构建其他更复杂的能力，在高度不确定、动荡的商业环境中取得成功砝码。

由于人们严重低估了基础管理的价值，将其贴上"容易复制"的标签，因此很多企业不愿为提升基础管理投入资源。这项研究带来的启发是：管理者当然应该投入时间进行战略思考，但不应认为打造高质量的基础管理是较低级的工作，因为经过深思熟虑打造的高质量的基础管理将大幅提升组织的执行能力，最大限度地提高战略取得成功的概率。

## 基础管理是卓越企业的隐形引擎

在探索企业成功的奥秘时，一个不可忽视的共性是它们对基础管理的深刻理解和高度重视。拉斐拉等学者所界定的基础管理实践——运营管理、绩效跟踪、目标制定与人才管理，这些看似日常、琐碎却至关重要的环节，构成了企业稳健发展的坚固基石。

会议作为企业内部沟通与协作的常规形式，其效率与质量直接映射出企业的管理水平。众多优秀企业，如亚马逊、三星、京东等，均通过构建精细化的会议机制与管理体系，展现了它们对基础管理的极致追求。

亚马逊的会议文化独树一帜，它摒弃了冗长的PPT，转而采用"1页纸"与"6页纸"的简洁模式，确保会议信息一目了然，便于参与者快速吸收。在会议正式开始前设置的15分钟默读环节，更是让每位参与者都能带着充分的准备进入讨论，极大地提升了会议的有效性和决策效率。

三星则提出了"八个必须"的会议原则，从准备到结束，从纪律到记录，全方位规范了会议流程，确保了会议的严谨性和结果导向。

京东的"会议三三三原则"则是对会议效率与决策力的精准把控，通过限制PPT页数、会议时长和决策次数，促使团队快速聚焦核心问题，有效避免了会议拖延和决策低效的问题。

在担任咨询师的十年间，笔者亲自深入观察过不同行业、不同体量、不同发展阶段的企业的内部管理，发现很多优秀企业之所以能在激烈的市场竞争中脱颖而出，很大程度上是因为它们在基础管理上有着深厚积淀。这些企业并未依赖于复杂的战略或高深的技巧，而是通过扎实的基础管理，构建了难以复制的竞争壁垒。相比之下，一些普通企业在基础管理上却显得力不从心——目标模糊、会议低效、团建无序等问题频发，严重制约了企业的发展潜力。

以某建材企业为例，该企业在多元化发展的道路上忽视了基础管理的建设。尽管营收规模庞大，但缺乏真正意义上的目标管理体系，很多中后台部门都没有绩效目标，导致管理松散，员工积极性受挫。随着时间的推移，企业逐渐陷入了人才流失、业绩下滑的困境，最终不得不收缩业务，退出多个领域。这一案例深刻警示我们：忽视基础管理，企业终将自食其果。

综上所述，基础管理是企业稳健发展的隐形引擎。无论是跨国巨头还是中小企业，都应高度重视基础管理工作，通过精细化的管理和持续的改进，不断提升企业的竞争力和抗风险能力。只有这样，企业才能在波涛汹涌的市场海洋中稳健前行，实现可持续发展的宏伟目标。

## 基础管理与管理基本功相辅相成

企业的基础管理是否稳固，直接关系到企业的竞争力与未来发展，而这一切又与管理者的管理基本功密切相关（见图 0-2）。所谓管理基本功，就是指管理者必须掌握的基础管理技能。

**首先，管理者扎实的管理基本功是企业的基础管理得以有效实施的关键。**一个具备扎实管理基本功的管理者，能够准确识别企业面临的问题，制订出合适的解决方案，并带领团队高效执行。这样的管理者，能够确保企业基础管理的各个环节得到有效衔接和协调，从而推动企业的稳定发展。

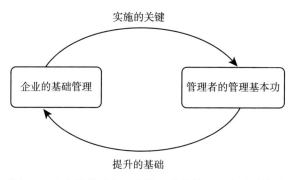

图 0-2　企业的基础管理与管理者的管理基本功的关系

**其次，企业基础管理体系的完善是管理者的管理基本功提升的基础**。企业基础管理体系的完善，能够为管理者提供更好的工作环境和资源支持，使其更加专注于提升自身的管理能力。此外，企业基础管理的规范化、制度化，也能够为管理者提供明确的管理标准和要求，使其管理行为更加科学、规范。

也就是说，企业的基础管理与管理者的管理基本功之间存在着相互促进、相互依赖的逻辑关系，两者相辅相成。只有两者相互协调、相互促进，企业才能在激烈的市场竞争中立于不败之地，实现可持续发展。

以面试这项基础管理工作来说，许多优秀企业不仅建立了完善的面试体系，也非常注重对管理者面试技能的训练。

谷歌执行一种名叫"面试官委员会"的模式，想加入这支团队不仅要接受面试技巧的培训，还需要陪同面试官参加至少 4 次面试，才有主持面试的资格。同时公司设有专门的招聘委员会，真正的面试决定都是由招聘委员会来做的。

麦肯锡要求所有面试官都要经过培训、认证，还要通过资深面试官的考查，才能持证上岗。即使上岗以后，初级面试官也不能自己随便出面试题，而是要通过案例库里的案例来考察候选人，并严格按照指定的考察角度打分评价。

华为对所有面试官都进行培训，只有培训合格者才能获得面试资格，而且华为每年会对面试官进行资格年审，年审不达标者将被取消面试资格。

可见，加强企业的基础管理，必须高度重视管理者的管理基本功训练。

## 优秀管理者都在苦练管理基本功

从个体成长来看，任何领域的能力提升都跟练武功一样，走的路径是相似的，笔者把它总结为三个步骤：练招式—练套路—练内功，如图 0-3 所示。

图 0-3 个体成长的三个步骤

练招式就是练基本功，就像练功夫先要把马步扎好一样，目的是掌握最基础的知识和技能，它是三个步骤中最重要的一步。如果你是司机，那么练基本功就是打方向盘；如果你是程序员，那么练基本功就是写代码；如果你是销售员，那么练基本功就是拜访客户；如果你是咨询师，那么练基本功就是做访谈调研；如果你是设计师，那么练基本功就是绘图……如果你是管理者，那么练基本功就是把基础的管理动作做好。当你把这些基础的管理动作做到位了，那些复杂的管理问题才会迎刃而解。

基本功并非一朝一夕习得，而是日积月累的长期经验，是对个人心性的磨炼，也是所有管理者必备的基本修养。练基本功的过程很苦，很多看起来简单的动作要重复做、反复做，要争取一遍比一遍做得更好。对于一个容易做的基本动作，完成一次简单，但是坚持完成 3 个月或者 3 年以上就难了，因为它需要人有极强的自律性、忍耐力和坚持的精神，所以不一定简单。就像竞技体育一样，不光要知道正确动作是什么，也要做过这些动作，更要做过足够多遍，因为只有这样才能形成肌肉记忆。

笔者很喜欢一个说法：在最艰难的场合如何能够超常发挥？答案就藏在平时训练中。其实，在多数情况下，我们的水平会回归到平时训练的水平，所以要训练得极其努力。我们的日常工作也有很多很复杂的挑战，最好是把基本功掌握得非常扎实，只有像形成肌肉记忆一样，不用花精力有意识地做这些基本动作，才能聚焦注意力去想更高级、更复杂的动作，所以我们需要苦练基本功。

曾国藩曾说："天下之至拙，能胜天下之至巧。"意思就是那些看似最笨、最拙的东西能够胜过最聪明、最巧妙的东西。基本功就是看似最笨、最拙的东西。不怕会一千个招式的人，只怕一个招式练一千遍的人，真正的高手都在默默下"笨"功夫，而非四处找捷径。曾国藩带兵打仗有个规矩：他到任何地方安营扎寨之后，不论当时是刮风还是下雨，都会命令士兵们先挖掘战壕，壕沟深约两米，而且还要筑墙，墙高约八尺<sup>㊀</sup>，墙外再挖一道沟，这就确保整个营盘固若金汤。由于湘军总是要挖沟、筑墙，行军速度非常慢，这种打法显得特别笨，所以才叫"结硬寨，打呆仗"。而这种最笨的打法，却是对付太平军的无敌战术。

2019 年初，王兴给美团全员发邮件详细讲"苦练基本功"，他说："从商业历史来看，绝大多数公司的失败不在于没掌握高难度动作，而是基本功出了问题。基本功就是业务和管理的基本动作，把基本功扎实练好，就能产生巨大价值。如果把我们的业务不断进行动作拆解，就会发现最后都是由各项基本功组成的。……我们要通过苦练基本功，把它内化成为我们组织的能力。把基本功练扎实，我们就能赢 99% 的事情。"

凡是工作越久的人，就会越强烈地感受到：扎实的基本功才是做出创新、做实事情的基础。把基本功练扎实，少犯错误，就能够做好 99% 的事情。刘润说：差的管理者，只有 30% 基础管理经验，剩下 70% 都是自己发挥，非常随意。好的管理者，70% 都是成熟的管理经验，剩下 30% 的例外管理，有制度，有打法。这

---

㊀　1 尺约为 0.33 米。

中间的差距，就是好坏的区别。没有基本功，一切管理就都成了空中楼阁。

一个人只要愿意苦练基本功，是很容易脱颖而出的。一个组织里，如果能多一些这样扎扎实实的人，那么这个组织也很容易脱颖而出。任何一个时代，那些真正的高手都在默默下"笨"功夫，只有那些异想天开的人整天四处找捷径。

## 管理者必备的十项管理基本功

既然管理基本功如此重要，那么管理者应掌握哪些管理基本功呢？

拉斐拉等学者研究的基础管理实践包括 4 个领域共 18 项：运营管理（应用精益方法、采用精益流程的理由）、绩效跟踪（流程记录、使用核心绩效指标、关键绩效指标（KPI）评估、反馈评估结果、未达成任务目标的后果）、目标制定（目标选择、目标与战略的关联以及如何分解到员工个体、时间框架、难度水平、目标与评价标准的清晰度）、人才管理（高层的人才思路、拓展目标、对低绩效员工的管理、人才培养、员工价值主张、人才保留）。

阿里巴巴也提炼出不同层级的管理者要做的三个基础管理动作，这三个基础管理动作就是著名的"三板斧"。针对高层、中层和基层管理者的三板斧是不同的：头部三板斧针对的是高层管理者，包括定战略、造土壤、断事用人三个基础管理动作；腰部三板斧针对的是中层管理者，包括懂战略、搭班子、做导演三个基础管理动作；腿部三板斧针对的是基层管理者，包括招人开人、建团队、拿结果三个基础管理动作。这三个三板斧合起来称为"九板斧"。

美团则在公司内部明确提出了基本功的概念，主要分为三大模块：管理基本功、通用基本功和专业基本功。管理基本功是对管理者的基本要求，包括三个方面：①管理自我，把自己管得明白是很重要的，包括时间管理等；②管理任务，管理者是带领大家打仗的，管不好任务肯定不行，包括目标制定、工作复盘等；③管理团队，围绕管理者在带团队过程中的选用育留等内容展开。

在借鉴拉斐拉等学者、阿里巴巴、美团的观点的基础上，基于十余年的管理实践与思考，笔者认为以下十项基础管理技能，是管理者必须要掌握的管理基本功，可分为三类（见表 0-1）。

表 0-1　管理者必须掌握的十项基础管理技能

| 管理自我 | 管理任务 | 管理团队 |
|---|---|---|
| ● 逻辑思维<br>● 时间管理<br>● 自我认知 | ● 目标制定<br>● 了解真相<br>● 会议组织<br>● 工作复盘 | ● 人才识别<br>● 绩效辅导<br>● 团队建设 |

为什么是这十项基础管理技能呢？

先说管理自我。德鲁克说："不去管理自己以求有效的管理者，

也就别指望他能管理同事和下属。"<sup>⊖</sup> 也就是说，管人的前提是进行
自我管理。而在自我管理里面，最重要的是逻辑思维，因为只有思
路清晰，才能把复杂的事情简单化；其次是时间管理，因为工作重
心在哪里，就应该把时间花在哪里；最后是自我认知，因为如果我
们不知道自己的优缺点，就无法获得能力的提升，也就无法带领团
队前进。

再说管理任务。德鲁克也提出目标管理是管理中的管理，而目
标管理的起点是目标制定，因此目标制定是非常重要且基础性的能
力要求。确定了目标之后还要了解真相，才能制定出切实可行的策
略。同时，也要对目标达成的过程进行管控，需要通过开会来跟进
进展、研讨策略、部署计划等，需要定期进行工作复盘以便对达成
目标的策略、方法进行优化改进，因此就涉及会议组织、工作复盘
这些基础管理技能。

需要说明一下，也许有人会说这几项基础管理技能之间会有一
定的交叉：了解真相是目标制定的一个重要基础，工作复盘大多数
情况下是通过会议的形式进行的，那是不是只需要具备了解真相和
会议组织这两项基础管理技能就可以了呢？不是的，因为了解真相
更多情况下是为了制定策略和目标跟进而开展的，并且目标制定这
个管理动作本身就非常关键，工作复盘也是如此，因此笔者还是将
这四项作为管理任务方面的基础管理技能。

---

⊖　德鲁克. 卓有成效的管理者：55 周年新译本［M］. 辛弘，译. 北京：机
　　械工业出版社，2022.

最后说到管理团队。管理还有一个重要的职能是团队管理。团队管理的核心是识人用人，而识人是用人的前提，因此如何识别人才的优劣势，把合适的人放在合适的位置上，就成了最为关键的技能。有了人之后，就需要经常给他们进行绩效辅导和团队建设，前者解决的是个体的能力与动力的问题，后者解决的是群体动力的问题。把这几项做好，留人就不成问题了。

在本书中，笔者将围绕这十项基础管理技能展开介绍，对于每一项的论述，都会包括其价值定位、问题洞察、方法提炼、操作指引和实战案例等。

上篇

# 管理自我

第一章

# 逻辑思维

## 工作有清晰的思路

### 自我测试：你的逻辑思维清晰吗？

以下 5 个特征中，如果你符合 3 个及以上，那么表明你的逻辑思维不清晰，需要认真阅读本章内容。

- 别人经常会误解或不能立刻听懂我的观点
- 我对基本概念、口径、格式的界定不是那么较真
- 我在更多情况下凭感觉来做判断
- 我的观点经常会前后不一致或自相矛盾
- 我思考问题时经常会遗漏一些关键点

## 价值定位：逻辑是管理者的核心技能

一直有人以为，懂专业是做好管理的前提。但是，当一个管理者管的领域宽了、团队大了之后，他基本上不可能懂所有的专业。尤其是一些大企业的高层管理者，既要管品牌、营销、技术、产

品，还要管财务、人力资源等，有的甚至还要管理多个不同领域的业务。他们是怎么做到能同时管理好这么多事情的呢？

美团创始人王兴，同时管理着外卖、闪购、小象超市、美团优选，还在研发无人机配送，近年来还密切关注人工智能（AI）。于冬琪<sup>⊖</sup>认为，奥秘在于王兴自己说的一句话："我不懂业务，但我看逻辑。"也就是说，管理者的核心技能不是懂专业，而是看逻辑，对高层管理者来说更是如此。

王兴在听团队汇报时，重点关注的就是逻辑。比如：团队成员说，"我们下一步要发展新供给"，并且列了一页数据，但是中间两个步骤没有公式。王兴就会叫停这个汇报，因为没有公式，逻辑不完整。团队成员说："用户最在意的要素是价格。"王兴就会问："依据在哪里？用户过去是怎么选择产品的？我们怎么知道用户最在意的要素就是价格？"

那王兴怎么知道团队成员回答得好或不好呢？还是看逻辑：结论有没有依据，依据是否完整地证明了结论，这就是逻辑。只要能解答出关键问题，又符合逻辑，业务判断大体上是不会错的。因此，面试时，可以问应聘者几个问题，然后看他的逻辑；评审团队的业务规划时，也还是问几个问题，然后看团队的逻辑。

其实，影响一个业务能否成功的关键要素是有限的。如果管理者能准确抽象出这些关键要素，就变成了让下属回答有限的问题集

---

⊖　新浪数科 COO、三节课早期合伙人，企业创新管理专家、组织竞争力提升专家。

合，然后看他的论证逻辑。对于每位管理者，随着自己管理的范围变大，几乎都有可能存在同时管理多个业务模块或领域的情况，这时管理者很难对每个领域都有深入的了解。然而，通过逻辑思维，管理者可以抽象出影响业务成功的关键要素，将复杂的问题简化为有限的问题集合。这样一来，管理者就能够去除多余的管理动作，专注于解决最核心的问题，从而提高管理效率。

也就是说，逻辑思维在管理工作中具有不可估量的价值，具体包括以下几个关键方面（见图1-1）。

图1-1　逻辑思维对管理者的价值

**一是有助于把握重点**。逻辑思维使管理者能够系统地定义问题，分析问题的本质和根源，避免被表面现象或次要因素所迷惑，这有助于管理者抓住问题的核心，为后续的决策和行动奠定坚实基础。

**二是有助于科学决策**。在管理工作中，经常需要面对复杂多变的情境，而有较强逻辑思维的管理者，会通过收集并分析相关信息来权衡利弊，考虑各种可能性和后果，从而做出更为科学合理的决策，降低了盲目性和随意性。

**三是有助于高效执行**。逻辑思维有助于管理者制订清晰、具体的计划和目标，并将这些计划和目标分解为可操作的步骤和任务，确保团队成员明确自己的职责和任务，协同工作以实现共同目标。

**四是有助于有效沟通**。逻辑思维使管理者的沟通更加清晰、准确。在传达信息、解释决策或协调工作时，管理者能够运用逻辑思维来组织语言，确保信息的完整性和一致性，减少误解和冲突。此外，逻辑思维还有助于管理者在谈判和协商中保持冷静和理性，寻求双方都能接受的解决方案。

**五是有助于持续学习**。在管理工作中遇到挫折或失败时，逻辑思维使管理者能够客观地分析原因，总结经验教训，从而不断调整策略和方法，提高管理水平和效果，有助于管理者适应不断变化的环境并应对挑战。

**六是有助于风险管控**。在管理工作中，管理者不可避免地会遇到各种风险和挑战。逻辑思维使管理者能够系统地识别潜在的风险因素，评估其发生的可能性和影响程度，并制定相应的应对措施。这有助于管理者在风险发生时迅速做出反应，减少损失并保护团队和组织的利益。

综上所述，尽管管理有艺术的成分，但终究还是一门以理性为主的科学，定目标、抓关键、做决策等都需要逻辑思维而不仅仅是依靠直觉。这就是为什么公务员考试要考申论和行政职业能力，MBA 考试要考逻辑题。对管理者来说，逻辑思维是最为重要的一项管理基本功。

# 问题洞察：厘不清思路就找不到出路

然而，不少管理者在逻辑思维方面存在不足，这些问题在一定程度上影响了团队的工作效率和结果。以下是管理者逻辑不清晰的常见表现（见图1-2）。

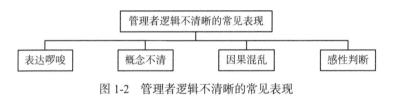

图1-2　管理者逻辑不清晰的常见表现

**一是表达啰唆**。有些管理者在讲话时倾向于使用冗长而复杂的语句，其中充斥着大量无关紧要的信息和细节，常常让听众感到困惑和疲惫。啰唆的表达方式不仅降低了沟通的效率，而且管理者难以直接、准确地传达自己的观点。

**二是概念不清**。有些管理者在思考问题时常常对概念的定义模糊不清，这导致他们无法清晰地界定问题，不同的人可能会有不同的理解，因此也无法准确地把握问题的本质和关键点。

**三是因果混乱**。因果混乱是指因果自相矛盾、因果倒置、循环论证、以偏概全等。因果混乱会导致无法找到问题的根本原因，也就无法提出有效的解决办法。

**四是感性判断**。有些管理者在做决策时过于依赖个人的感觉和经验，忽视了对数据和信息的客观分析。这种感性判断的方式可能带有很大的盲目性和不确定性，容易导致错误的决策结果。

正所谓厘不清思路就找不到出路，一旦管理者的逻辑变得不清晰，整个团队就可能陷入困境，具体表现为以下三个后果（见图 1-3）。

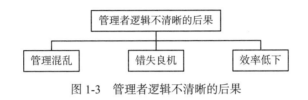

图 1-3　管理者逻辑不清晰的后果

**一是管理混乱。** 一位逻辑清晰的管理者，能够更全面、系统地分析问题，找出问题的本质和关键点，避免被表面现象或次要细节所迷惑。这种能力使得管理者在做决定时能够更准确地抓住重点，减少错误和失误。然而，当管理者逻辑不清晰时，就会抓不住重点，不知道下一步该往哪里走，引发团队成员的迷茫和焦虑。在缺乏明确策略和方法的情况下，团队可能陷入无序和混乱，甚至可能制定出与企业实际情况脱节的策略，给企业带来不可预测的风险。

**二是错失良机。** 在竞争激烈的市场环境中，机遇稍纵即逝。管理者需要具备敏锐的洞察力和清晰的思路，才能迅速捕捉并把握这些机遇。通过对历史数据和趋势的逻辑分析，管理者可以预测市场的走向、顾客的需求变化等，从而制定出更具前瞻性的决策。这种决策不仅能够帮助企业抓住机遇，还能够让企业在风险来临之前做好防范和应对措施。然而，当管理者逻辑不清晰时，他们可能无法准确识别市场趋势和潜在机遇。这种情况下，即使机遇就在眼前，团队也可能因为反应迟钝或判断失误而错失良机，这对企业的长期发展来说无疑是巨大的损失。

**三是效率低下。**清晰的管理逻辑能够确保团队高效协作、资源合理分配，从而实现工作目标。然而，当管理者逻辑不清晰时，团队可能面临资源分配不均、工作重复、沟通不畅等问题。这些问题不仅会导致工作效率的降低，还可能引发团队成员之间的矛盾和冲突。在这种情况下，团队即使付出了巨大的努力，也可能因为方向不明确、协作不顺畅而难以取得理想的成果。这种"事倍功半"的现象对团队的士气和企业的效益来说都是极大的打击。

因此，对管理者来说，逻辑清晰至关重要。这不仅关系到个人的职业发展，更关系到整个团队的业绩与凝聚力。

## 方法提炼：提升逻辑思维的关键

### 逻辑思维强的特征

逻辑思维是人类理性认识发展的一种高级阶段，它超越了感性认识的局限，遵循一定的逻辑规则和原则，以客观、中立的态度，不受个人情感、偏见等因素的影响，对事物进行有条理、有根据的分析和推理，以得出科学、可靠的结论。逻辑思维强的人，通常有以下几个特征（见图 1-4）。

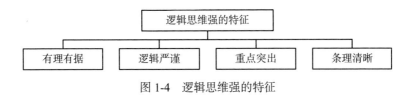

图 1-4　逻辑思维强的特征

**一是有理有据。**他们在说话或写文章时，会仔细挑选信息，查证它们的真实性，确保用的例子或数据都是站得住脚的。这样一来，他们所表达的观点就有了坚实的后盾，别人一听就懂，也容易接受。

**二是逻辑严谨。**他们在思考和表达时，像搭积木一样，每一步都搭得稳稳当当，确保前后连贯，没有漏洞。他们会避开那些让人绕进去的逻辑错误，比如偷换概念、自相矛盾等。这样，他们的想法就像一条清晰的小路，别人跟着走就不会迷路。

**三是重点突出。**无论想说什么，他们都会围绕一个中心思想，就像故事要有主线一样。这样，别人一听就能抓住核心，不会觉得东拉西扯，摸不着头脑。

**四是条理清晰。**他们会把要说的内容像整理杂物一样分门别类地放好，先说什么，后说什么，都有顺序和逻辑。这样一来，别人听起来就觉得内容井井有条，容易理解。

综上所述，以上这些特征共同构成了强逻辑思维，使管理者能够更加清晰、准确地思考和表达，实现有效的沟通和交流。

### 逻辑思维的三重境界

人的逻辑思维，按复杂程度可以分为三重境界：最底层的是直线型思维，它能解决简单的问题；往上是结构化思维，它能解决局部复杂问题；最高层是系统性思维，它能解决全局复杂问题（见图 1-5）。

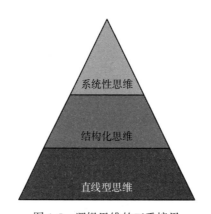

图 1-5　逻辑思维的三重境界

**第一重境界：直线型思维。** 也称线性推理或单一思维，是逻辑思维的基础层次。人们采用直线型思维时按照一个接一个的步骤进行推理，通常遵循一个固定的顺序或模式。直线型思维适用于解决简单、直接、有明确答案的问题，如计算简单的算术题、规划日常行程，按照流程进行操作时采用的也是直线型思维。

**第二重境界：结构化思维。** 就是把复杂问题拆解成多个小块，分不同方面去思考。就像搭积木，要看清每块积木的形状、颜色，再想好怎么搭，这样才能搭出稳固漂亮的造型。结构化思维适用于解决局部复杂的问题，人们需要将多个相关因素或变量考虑在内。例如，制订项目计划、分配任务和资源；分析问题的根本原因、制订解决方案等。

**第三重境界：系统性思维**。就是把一个问题放在整体和全局中去考虑，不只看单一的部分，而是要考虑各个部分之间的联系和影响。就像看一台机器，不能光看零件，还得看零件之间是怎么配合工作的，这样才能更全面地理解和解决问题。人们采用系统性思维时会看到全貌而非局部，看到结构而非表象，看到变化而非静止，看到清晰而非杂乱。系统性思维适用于解决全局复杂问题，人们需要考虑多个相互关联、相互影响的因素，如分析行业趋势、制定公司长期目标；优化组织结构、提升团队协作能力等。

## 逻辑思维的背后是分类能力

结构化思维和系统性思维都属于抽象思维。那什么是抽象思维呢？抽象思维就是通过提炼事物的共同特点，抛开具体形象，用概念来思考和解决问题，也叫概念式思考。越是高层管理者，越需要抽象思维；缺乏抽象思维的人，很难胜任中高层的职位。

如果接触过一些企业家或专家学者，你就会发现他们很多都是抽象思维的高手。例如，稻盛和夫总结了人生成功方程式；柳传志总结了管理三要素（搭班子、定战略、带队伍）；雷军总结了互联网思维七字诀（专注、极致、口碑、快），等等。

抽象思维强的人都有一个自己的分析框架，能够将复杂的问题结构化，然后用逻辑思维分析，找出问题的根源或事物的本质，把它抽象提炼出来，分门别类，再将它总结为通俗易懂、深入浅出的词句，让人一听就懂，但是内涵又极其深。

因此，抽象思维的一个重要体现就是分层分类能力（简称分类能力），逻辑思维的"圣经"《金字塔原理》强调的也是归类分组能力。一个具备强大抽象思维的人，往往能够迅速识别事物的共性特征和差异特征，将它们归为不同的类别。这种分类能力不仅能够帮助我们更好地理解事物，还能够提高我们的决策效率和准确性。

在管理中，分类能力尤为重要。它能够帮助我们将复杂的问题简化为若干个相互关联的子问题，从而更容易找到问题的根源和解决方案。例如，在进行市场分析时，我们可以将市场按照不同的维度进行分类，如地域、消费者群体、产品类型等。通过这样的分类，我们能够更清晰地了解市场的结构和特点，为制定市场策略提供有力的支持。

所有的管理分析工具，如 SWOT 分析模型、PEST 分析模型、3C 战略三角模型、波士顿矩阵、思维导图、鱼骨图等，有一个共同点，就是将复杂的问题，按某种逻辑关系进行结构化分类，从而使问题变得简单清晰。

综上所述，抽象思维的高手的最大特点其实就是分类能力强。因此，想要提升自己的逻辑思维，就要学会对事物进行分类。

# 操作指引：提升逻辑思维的四种方法

## 善用分析工具

提升逻辑思维的第一种方法，也是见效最快的方法，就是善于利用分析工具，因为这些分析工具都是现成的。分析工具非常之多，该如何选择呢？笔者认为通常可以分为以下两类（见表 1-1）。

表 1-1　常见的两类分析工具

| 类别 | 定义 | 特征 | 常用工具 |
| --- | --- | --- | --- |
| 脑图类 | 以树状结构直观地展示主题与各个子主题之间的逻辑关系 | 演绎 | 思维导图、事故树、事件树、鱼骨图 |
| 矩阵类 | 以表格的形式呈现多个变量之间的关系和对比情况，并基于多个变量相结合形成多个不同的方案 | 归纳 | SWOT 分析模型、波士顿矩阵、GE 矩阵、安索夫矩阵 |

**一是脑图类工具。**它是一种可视化的分析工具，以树状结构直观地展示主题与各个子主题之间的逻辑关系，常用的有思维导图、事故树、事件树、鱼骨图。通过思维导图，我们可以将复杂的问题或概念分解成更小、更易管理的部分，并清晰地看到它们之间的内在联系。这种分解和整合的过程，实际上就是在锻炼我们的逻辑思维。它要求我们对信息进行分类、归纳和推理，从而形成一个有条理、有逻辑的知识体系。

在工作中，我们可以利用脑图类工具进行项目规划、问题分析、决策制定等。例如，在进行项目规划时，我们可以使用思维导图列出项目的目标、任务、资源、时间等要素，以及它们之间的逻辑关系。这有助于我们全面地了解项目的结构，确保各个部分之间的协调性和一致性。在问题分析中，思维导图可以帮助我们梳理问题的来龙去脉，找出问题的根源和影响因素，为制订解决方案提供有力的支持。

**二是矩阵类工具**。它是从多维问题的事件中找出成对的因素，分别排列成行和列，并基于多个变量相结合形成多个不同的解决思路和方案。如果说脑图类工具是以演绎为主，那么矩阵类工具则是以归纳为主，脑图类工具是把一个问题按一定的逻辑框架拆分为很多细项；矩阵类工具则是把成对的关键因素找出来之后，通过配对形成相应的结果。

矩阵类工具被广泛应用于市场分析、产品策略制定、竞争分析等方面。例如，在进行市场分析时，我们可以使用矩阵类工具将客户需求、产品特性、竞争对手等因素进行匹配和分析，找出市场上的机会和威胁。这有助于我们制定更加精准的市场策略和产品策略。在竞争分析中，矩阵类工具可以帮助我们揭示竞争对手的优势和劣势，以及我们自身的机会和挑战，为制定有效的竞争策略提供有力的依据。

在使用脑图类工具和矩阵类工具这两种分析工具的过程中，我们需要不断地进行信息的分类、归纳、推理和分析，这些操作都是在锻炼我们的逻辑思维，不仅能够帮助我们结构化地思考问题、厘清思路，还能够激发我们的创造力和联想能力。

此外，想要充分发挥分析工具的作用，我们还需要掌握一些使用技巧和方法。例如，在使用思维导图时，我们可以采用颜色、图标等方式增强可视化效果，提高信息的易读性和理解性；在使用矩阵图时，我们可以利用数据分析和统计方法提高决策的准确性和科学性。

## 分类整理物品

在日常生活与工作中，也可以通过行为训练来提升我们的逻辑思维，最简单有效的方法就是定期整理自己的物品，并将它们进行分类，包括书籍、衣服，以及电脑里的文档资料。

看一个人逻辑思维强不强，去看他电脑里的文档资料就可以知道了，如文档归类合不合理、清不清晰，不要的文档是否被及时清理。那些桌面上满屏是文档的人，通常逻辑思维是比较混乱的。

逻辑思维要求我们将事物进行分类、归纳、推理，而整理物品本质上就是对其进行有序的分类和归纳。当我们把书籍、衣服、电脑里的文档资料等按照一定的逻辑关系进行整理时，我们的大脑也在不断地进行分类、归纳和推理的思维活动。这种思维活动不仅能够帮助我们更好地管理物品，还能够锻炼我们的逻辑思维。

如何通过整理物品来提升逻辑思维呢？笔者认为主要有以下两个关注点（见图 1-6）。

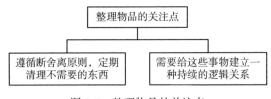

图 1-6　整理物品的关注点

**首先，遵循断舍离原则，定期清理不需要的东西**。断舍离不仅仅是一种生活态度，更是一种思维方式。它要求我们审视自己的物品，判断哪些是真正需要的，哪些是冗余无用的。在这个过程中，我们需要运用逻辑思维去分析物品的价值和必要性，从而做出明智的决策。通过不断清理和舍弃，我们的思维也会变得更加清晰和有条理。

**其次，需要给这些事物建立一种持续的逻辑关系**。在整理物品时，我们需要思考它们之间的共同点是什么，差异是什么，为什么会把它们放在一起。这种思考过程其实就是一种逻辑思维的锻炼过程。通过不断建立逻辑关系，我们可以更好地理解事物的本质和规律，提升我们的逻辑思维。

## 写作与演讲

如果有三个人来求职，一个颜值高，一个关系广，一个套路深，其他条件都差不多，选哪个？笔者的答案是：谁会写文章，就选谁。因为著名心理学家乔丹·彼得森说，写作的本质是有条理地思考。这就是为什么古代科举考试要写八股文，现在公务员考试也要考申论。所以，写作（也包括演讲）是锻炼逻辑思维的非常有效的方法。

写作不仅是文字的组合，更是思维的呈现。当我们坐下来开始写作时，大脑中的思绪开始流淌，我们需要将这些思绪进行筛选、整理、归纳，最终形成一段有逻辑、有条理的信息。这个过程，其实就是一个锻炼逻辑思维的过程。通过写作，我们可以更加深入地思考问题，更加清晰地表达观点，更加有条理地组织信息。

在职场中，经常写作的人和不经常写作的人，往往在职业发展上会有显著的差异。很多领导的秘书之所以能够较快升职，除了工作时和领导接触较多，可以更好地展示自己的能力外，更重要的是他们经常帮助领导写稿子，通过这个过程，他们的逻辑思维得到了很好的锻炼。

很多人觉得写作是一个很大的挑战，经常以没有时间为借口而不去写，其实多半是自己不愿意思考。笔者建议刚开始不要追求篇幅，先从写段子开始，从一条微博的字数开始写，也不追求质量，每隔几天就写一条自己的心得感悟发在朋友圈即可。当有人点赞或评论时，你就有了动力，慢慢地也就找到感觉了，也积累了很多的想法，后面再把它们加工成短文。

除了写作，演讲也是一种非常有效的锻炼逻辑思维的方法。与写作相比，演讲更加直接、更加生动，因为它涉及了与听众的互动。在演讲中，我们不仅要关注内容的逻辑性，还要关注表达的方式、语速、语调等因素，以确保我们的观点能够清晰、准确地传达给听众。同时，演讲还能够使我们及时得到他人的反馈，比如听众的表情、反应等，这些反馈能够帮助我们及时调整思路，进一步优化我们的表达。

无论是写作还是演讲，逻辑三洽都是其核心要求。所谓逻辑三洽，即思想内容、语言表达和客观实际相吻合、相一致。具体来说，在写作与演讲中，我们需要关注到以下几点（见图1-7）。

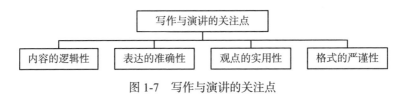

图1-7　写作与演讲的关注点

**一是内容的逻辑性**。要确保所表达的思想内容具有内在的逻辑性，即各个部分之间要有明确的逻辑关系，形成一个完整、严密的逻辑体系。

**二是表达的准确性**。要用准确、恰当的语言来表达自己的观点，避免使用模糊的词语或句子，要注意表达的清晰度和流畅度，使读者或听众能够轻松理解。

**三是观点的实用性**。要确保所表达的思想内容与实际情况相符合，避免脱离实际、空谈理论，而是要言之有物，能解决实际问题。

**四是格式的严谨性。**这点主要是针对写作的，有人认为关注排版与格式是形式主义，其实不然，它本身就是逻辑思维的一种体现。

总之，写作与演讲是锻炼逻辑思维的非常有效的方法。通过不断练习和实践，我们可以提升自己的逻辑思维，并在职场中取得更好的成绩。

## 编写规章制度

自古真情留不住，总是"套路"得人心，逻辑思维的高手都是"套路"大师。所谓套路就是结构化很强的分析框架，人们可以把相关问题放到这个框架里（这就是我们平时说的方法论、模型等），这样大部分问题都能很好地解决。

而实际上，在日常工作中，这些套路往往隐藏在规章制度、流程、操作手册里面，因为规章制度、流程、操作手册是经验和方法论的高度总结与提炼。它们不仅包含了解决问题的具体方法，更蕴含了深刻的逻辑思维。通过参与规章制度等的编写，我们不仅能够学习到这些方法，更能够深入理解和掌握其中的逻辑思维。因此，多参与规章制度等的编写过程，也能有效锻炼逻辑思维。

在编写规章制度的过程中，我们需要对问题进行深入的分析，找出其中的规律和联系，然后将这些规律和联系以条理清晰的方式呈现出来。编写规章制度要求严谨，要特别关注以下几点（见图1-8）。

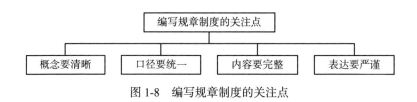

图 1-8　编写规章制度的关注点

**一是概念要清晰**。确保所有关键概念都有明确的定义，同一概念的定义应保持一致。同时，要明确哪些内容或定义是包含在其他内容或定义中的。

**二是口径要统一**。确保所有部门或人员在解释或应用规章制度时采用相同的口径；对于需要测量的数据或指标，应规定统一的口径和标准。

**三是内容要完整**。要确保规章制度涵盖了所有需要规范的情况和方面；规章制度要通过审查、反馈和修订，确保没有遗漏的关键步骤或环节；还要考虑可能出现的异常情况，并规定相应的处理措施。

**四是表达要严谨**。明确每个步骤的顺序，确保流程的逻辑连贯性；检查规章制度中是否存在相互矛盾或冲突的规定；使用简洁明了的语言，避免句子冗长和句式复杂，使制度易于理解和执行。

总的来说，编写规章制度的过程，实际上就是训练逻辑思维的过程。通过不断实践，我们能够逐渐习惯用系统化的方式思考问题，使逻辑更加有条理，更加清晰。

# 实战案例：从管理新兵到逻辑高手的蜕变

Leo 是一位基层管理者，带领着一个 6 个人的小团队。由于他的逻辑思维不是很强，讲话比较没有逻辑，把握不住重点，这让他在与人沟通、表达观点时显得力不从心，对下属进行辅导时也不够自信，总是难以施展拳脚。

为了改变这一状况，在上司的辅导下，Leo 采取了一系列的行动。首先，他每周坚持写作短文，通过不断的练习来提高自己的文字表达能力。他选择了一些与自己工作相关的主题，进行深入的思考和探讨，然后将自己的见解和想法用文字记录下来。这个过程虽然艰难，但 Leo 从未放弃过。

与此同时，Leo 的上司也看到了他的努力，要求 Leo 在部门内部做分享，并推荐他到其他部门做分享交流，让他有机会在更大的舞台上展现自己。这些机会让 Leo 倍感压力，但也激发了他的斗志。他开始更加努力地准备每一次的分享交流和演讲，不断地修改和完善内容，力求做到最好。

除了分享交流和演讲，上司还安排 Leo 参与了编写标准作业流程（Standard Operation Procedure，SOP）的工作。这是一项需要严谨的思维和高度逻辑性的任务。编写过程很痛苦，Leo 被打回修改了很多次。Leo 在编写过程中，不断运用自己学到的知识和技巧，努力将 SOP 写得更加清晰、准确和易于理解。这个过程不仅让他对公司的业务有了更深入的了解，更重要的是锻炼了他的逻辑思维。

此外，Leo 还购买了《金字塔原理》等图书进行学习。这些图书为他提供了许多实用的方法和技巧，帮助他更好地理解和运用逻辑思维。同时，他也开始使用思维导图等分析工具来辅助自己的工作和学习。这些工具让他能够更加清晰地看到问题的本质和关键要素，从而更好地解决问题。

在 Leo 每一次输出分析报告和解决方案时，上司都会用第一性原理来引导他回答问题："这个事情的本质是什么？最核心的问题是什么？要采取的最关键的措施是什么？"这些问题让 Leo 开始深入思考问题的本质和根源，从而更好地把握问题的关键和提出有效的解决方案。这种思考方式不仅让 Leo 的工作更加高效和准确，还让他的逻辑思维更加敏锐。

经过一年多的培养和自我成长，Leo 的逻辑思维得到了较大的提升。他已经从一个表达能力欠佳的管理新兵成长为一个逻辑思维强大的基层管理者。他不仅能够清晰地表达自己的观点和想法，还能够深入地分析和解决问题。他的努力和取得的成就也得到了公司和同事的认可与赞赏。他还开发出有自己特色的内训课程，并代表公司去行业峰会上分享，取得了不错的反响。

如今的 Leo 已经晋升为一名中层管理者，能力得到了上司与同事的一致好评。这是他多年努力和坚持的结果，也是他职业生涯中的一个重要里程碑。

第二章

# 时间管理

## 聚焦最重要的事情

### 自我测试：你善于做时间管理吗?

以下 5 个特征中，如果你符合 3 个及以上，那么表明你
的时间管理很糟糕，需要认真阅读本章内容。

- 开会或参加各种活动时，我经常迟到
- 下属事无巨细都要问我的意见
- 我的大部分时间用来处理紧急的事情
- 我几乎没有时间来做深度思考和学习提升
- 我经常感觉到心力交瘁和压力大

## 价值定位：管理的核心是时间管理

彼得·德鲁克说："时间是最稀缺的资源。不管好它，也就管
不好任何其他事情。"<sup>⊖</sup> 在这繁杂的管理工作场景中，如何高效利用

---

⊖ 德鲁克. 卓有成效的管理者：55 周年新译本 [M]. 辛弘，译. 北京：机
械工业出版社，2022.

时间，成为管理者必须面对的重要课题，时间管理的重要性不言而喻，它具有以下几个方面的价值（见图 2-1）。

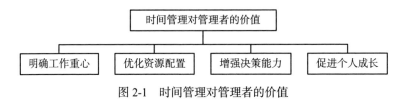

图 2-1    时间管理对管理者的价值

**一是明确工作重心。**时间管理是管理者对角色认知的深刻体现，因为把时间花在哪里，就代表着工作重心在哪里。管理者需要时刻保持清醒的头脑，知道自己最重要的工作是什么，并优先处理这些工作。通过时间管理，管理者可以量化分析各项工作的时间投入，从而更准确地明确工作重心和优先级。

**二是优化资源配置。**管理者通过有效的时间规划和任务分配，将有限的时间和精力集中在最重要的事情上，确保资源得到合理高效的利用，减少了不必要的浪费和拖延，提高了整个组织的运行效率。

**三是增强决策能力。**管理者需要在有限的时间内做出正确的决策，通过时间管理，管理者可以知道在什么时候需要收集信息，什么时候要进行方案设计，什么时候进行落地，能够很好地掌握工作节奏，减少冲动和盲目性决策，从而更有效地推动工作进展。

**四是促进个人成长。**为了适应不断变化的市场环境和企业需求，管理者需要持续学习和成长。通过合理安排时间，管理者可以在工作之余学习新知识、掌握新技能。同时，时间管理还有助于管理者掌控生活和工作节奏，减少压力和焦虑，提高生活质量，实现个人与职业的双重成长。

那些优秀的企业家都是时间管理大师，他们的作息通常十分规律，几点起床、几点健身、几点回邮件、几点开会，都做了非常严格详细的规划，从他们满当当的日程表中就能看出他们对时间管理的重视。

因此，作为管理者，要意识到时间管理的重要性，学会如何有效地管理时间。

## 问题洞察：身不由己的管理者

拉姆·查兰在《领导梯队》一书中提到：时间管理是领导力转型的三要素之一，然而却往往最容易被忽略。⊖尤其是刚刚开始带团队的一线管理者，往往在时间管理方面把握不足。在马丁森领导力项目发展中心近几年交付的一线经理领导力评估项目中，"时间管理"这一维度的得分普遍处于低水平。

对大部分管理者来说，第一种糟糕的时间管理，就是时间不属于自己。很多管理者往往遇到这样的情况：早上一到公司，下属都排着队等你开会和做决策。一天开了八九个会很累，但是自己的工

---

⊖ 查兰，德罗特，诺埃尔. 领导梯队：全面打造领导力驱动型公司［M］. 徐中，林嵩，雷静，译. 北京：机械工业出版社，2011.

作还没怎么处理，这也是很多管理者拿不到结果的原因。这说明你的时间管理出了问题。

每天走进办公室后，总有下属跑到自己面前说："我昨天的工作遇到了一些问题，请问该怎么解决？"这个时候，很多管理者会发现，当你听完下属的工作汇报后，发现这件事情并没有得到彻底解决，而你原本计划好今天要做的工作也因此耽误了不少。对于一些比较零碎的事情，比如开会、审批流程，完全可以规定在一个时间段内集中处理。总之，就是要有计划地设定你的时间该怎么用，怎么管理，尽量空出整块时间做最重要的事。

第二种糟糕的时间管理就是没有时间思考。

一天深夜，著名的近代原子核物理学的奠基者卢瑟福教授走进他领导的实验室，看见一个学生仍勤奋地在实验台前忙碌着。卢瑟福关心地问道："这么晚了，你在做什么？"学生回答说："我在工作。"卢瑟福问："那你白天做什么了？"学生回答："也在工作呀。"卢瑟福问："那么，你一整天都在工作吗？""是的，教授，我从早到晚都没有离开实验室。"学生说得很肯定，似乎还期待着卢瑟福的夸奖。不料，卢瑟福却说："你很勤奋，整天都在工作，这自然是很难得的，可我不能不问你，你用什么时间来思考呢？"

这就是为什么有的人看起来很忙碌但效率和产出却很差。根据笔者观察：许多成功人士之所以成功，是因为他们能够在思考和行动之间找到恰当的平衡点。他们不仅具备深思熟虑、明确目标的能力，还能够将这些思考转化为实际行动，不断追求并实现自己的目标。

国外有句谚语：停下你的脚步，等一等你的灵魂。笔者建议在忙碌一段时间之后，尽量抽空稍做放松和休整，以便自己有时间思考一些长远的事情，比如来一次说走就走的旅行，或者周末陪家人出去散散心。

管理者的时间管理糟糕的原因有以下几个（见图 2-2）：

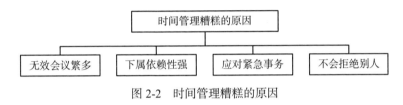

图 2-2　时间管理糟糕的原因

**一是无效会议繁多**。很多管理者经常被邀请参加各种会议，有些会议可能并不是必要的，或者他们的参与并不是必需的。会议可能没有明确的议程和目标，导致时间被浪费在讨论无关紧要的问题上。过多的会议使得管理者没有足够的时间去处理其他重要事务。

**二是下属依赖性强**。下属习惯性地等待管理者做出决策，即使这些决策在他们职责范围内完全可以自行做出。管理者被要求解决下属本可以自行解决的问题，这消耗了他们宝贵的时间。这种依赖文化导致下属不愿意承担责任，进一步增加了管理者的时间压力。

**三是应对紧急事务**。管理者经常需要处理各种紧急事务，这些事务可能是由于计划不周、缺乏预防措施或员工疏忽而产生的。这些紧急事务打乱了管理者的正常工作安排，导致他们无法专注于长期目标和战略规划。长期处于"救火"模式的管理者可能会感到疲惫不堪，且难以保持高效的工作状态。

**四是不会拒绝别人。**管理者可能会收到来自同事、下属或外部合作伙伴的各种请求。有些请求可能并不符合组织的优先级和长期目标，但管理者可能由于种种原因难以拒绝。这使得管理者的时间被分散到各种不重要的任务上，降低了工作效率，影响了工作成果。

总的来说，如果管理者的时间总是不够用，就要反思一下自己的时间都花在哪里了：除了吃饭、睡觉、上班、出行这些事情之外，上一周花时间最多的是什么事情？连续统计一周，一定会有惊人的发现。德鲁克说："有效的管理者知道，要想管好自己的时间，首先得知道时间实际上花到什么地方去了。"⊖通过意识到自己如何利用时间，管理者能发现哪些地方可以做出相应的调整。

## 方法提炼：聚焦最重要的事情

### 时间管理的三重境界

时间管理有三重境界，每一重境界都代表着对时间掌控的不同水平。时间管理的三重境界如下（见图 2-3）。

---

⊖　德鲁克. 卓有成效的管理者：55 周年新译本［M］. 辛弘，译. 北京：机械工业出版社，2022.

图 2-3　时间管理的三重境界

**第一重境界：不迟到、不拖延。**这是时间管理的最基础的层次。对许多人来说，仅仅做到不迟到、不拖延就已经是一个挑战。这要求管理者对时间有基本的尊重和认识，能够准时完成承诺的任务。养成不迟到、不拖延的习惯能够建立个人信誉和提高可靠性，同时减少因时间管理不到位而带来的压力和焦虑。

**第二重境界：闲而不荒，忙而不慌。**在这个层次上，管理者能够掌控自己的时间节奏，知道在什么时间段做什么事情，闲暇的时候不荒废时间，自己进行学习，忙碌起来也不会慌张。通过提前计划，管理者可以更好地预测未来可能发生的事情，提前做好准备，使管理者在忙碌的工作和生活中保持冷静和从容，不会因为突发的事情而手忙脚乱，也能够帮助管理者更好地实现自己的目标和梦想，更好地平衡工作、学习和生活。

**第三重境界：聚焦最重要的事。**说到时间管理，很多人就觉得是要做好计划。其实计划做得好并不代表时间管理做得好，很有可能眉毛胡子一把抓，这是很糟糕的。时间管理的最高境界既不是有条理性地执行多线程工作，也不是利用好碎片化时间，而是聚焦最重要的事情，能够对任务做取舍，把整块的时间投入到少数最关键的工作中。这是因为想做、可做、应该做的事情无穷无尽，而时间才是最稀缺的资源。

有一句话说得好，"不要以战术的勤奋来掩盖战略的懈怠"。很多人抱怨工作非常忙，但忙碌本身又是最大的舒适区，因为忙碌可以让我们免于思考。思考是一件非常痛苦的事情，因为要做取舍，需要始终把最重要的工作放在核心位置——这些都是非常费脑的。

作为管理者，要坚持二八原则，把 80% 的精力花在最重要的 20% 的事情上。如果抓不到重点，不仅仅是管理者会很累，下属也要跟着不停地东奔西跑，但基本上是瞎忙活，因为没有结果和成绩。

### 优先做重要不紧急的事情

要做好时间管理，首先要善于划分事情的轻重缓急，重要而紧急的事情先做，然后做重要不紧急的，接着做紧急不重要的，最后处理不重要不紧急的（见表 2-1）。

据研究发现，普通管理者与高效能管理者在时间安排上有非常大的差别（见图 2-4）：按在不同事情上花费的时间占比来排，普通管理者的时间安排从大到小是逆时针方向的，而高效能管理者的时间安排从大到小是顺时针方向的。

表 2-1 事情轻重缓急的划分

|  | 不紧急 | 紧急 |
|---|---|---|
| 重要 | ● 做准备工作<br>● 制定预防措施<br>● 制订计划<br>● 建立人际关系<br>● 提高自己的能力 | ● 处理紧急状况<br>● 解决迫切的问题<br>● 处理限期完成的工作或出席重大的会议 |
| 不重要 | ● 出席无关紧要的会议<br>● 处理烦琐的日常事务<br>● 参加有趣但无益的活动 | ● 处理造成干扰的事情<br>● 处理某些信件、文件、报告<br>● 出席某些必要的会议<br>● 解决迫在眉睫的事情 |

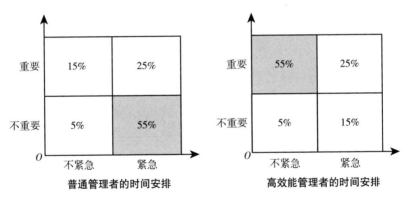

图 2-4 普通管理者与高效能管理者时间安排的对比

　　普通管理者会把大量的时间花在紧急不重要的事情上，整天忙着"救火"、处理火烧眉毛的事情，那边出事了就赶紧跑过去解决，这边出事了又立即赶回来处理，结果自己非常累，忙了半天可能自己的工作一点都没有做，以致没有时间去思考一些长远的规划（重要不紧急的事情），绩效当然好不了。这些紧急不重要的事情是需要立即去办，但是管理者需要思考的是：真的有那么多"重要而紧急"的事情吗？它们并不是真正的重要而紧急的事情，不值得管理者投入太多的精力和时间。

高效能管理者则会用大量的时间处理重要不紧急的事情。在把这些事情考虑清楚之后，就不会有那么多紧急的事情了，即便遇到紧急的事情（不管是重要的还是不重要的）大部分时候也能轻松自如地应对，不慌不忙，减少很多的烦恼。

比如，上级布置了一项重要不紧急的任务，普通管理者往往快到时间了再处理，这时如果碰到突发事情，自己就要到处"救火"，而没时间来做那件事了；高效能管理者则会先思考如何去做，并利用空闲时间尽早完成，等到时间到了，会向上级准时汇报，就算遇到紧急情况，也有时间轻松应对。

因此，笔者将对每类事情的做法总结为时间管理四象限法则（见图 2-5）。

正如德鲁克所说的："不管是否担任经理职务，管理者都不得不花大量时间做一些毫无贡献的事。很多时间不可避免地被浪费掉。管理者在组织中的层级越高，组织对他的时间需求就越多。"<sup>○</sup>因此，我们必须找出完全没必要做以及浪费时间的工作，并且直接舍弃。

───────────

○　德鲁克. 卓有成效的管理者：55 周年新译本［M］. 辛弘，译. 北京：机械工业出版社，2022.

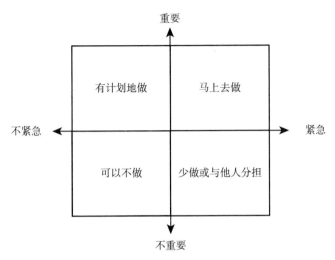

图 2-5　时间管理四象限法则

作为管理者，不要去做消防员，天天去"救火"，而是要明白哪些是要优先做的重要事情。那么什么事情是重要的呢？正如网上说的：关键的问题，是要找到问题的关键。笔者认为，抓住以下这四个方向，管理者的工作重心就清晰了（见图 2-6）。

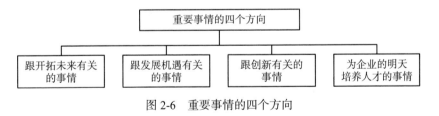

图 2-6　重要事情的四个方向

一是跟开拓未来有关的事情要优先，例如制订公司或部门的年度经营计划；二是跟发展机遇有关的事情要优先，例如调研考察外部机会；三是跟创新有关的事情要优先，例如汇报新项目的里程碑；四是为企业的明天培养人才的事情要优先，例如开发和评审领导力课程。

这些事情虽然看起来不紧急，但是对管理者自己未来的发展是非常有价值的。如果管理者现在不重视它们，它们随时都可能发展成重要而紧急的事情。比如说，管理者发现下属的工作积极性不高、工作主动性不够，如果置之不理，经过一段时间，这件事情可能会变得比较严重，甚至会出现下属离职的现象。到那时候，这件事情就变成了第一类事情（重要而紧急）。因此，对待这类事情，即使没有立即去做的必要，也至少要制订应当的计划，尽量避免更多的事情变成令人讨厌的第一类事情。

## 操作指引：高效利用时间的四种方法

### 不让猴子回到自己的背上

"猴子"这个说法，来源于世界知名企业管理顾问威廉·安肯三世所著的《别让猴子跳回背上》一书，其中被称为"处理时间管理"的经典管理方法，已经成为许多企业管理者必须掌握的技能，也被英特尔、惠普、IBM等众多世界500强企业引入到管理培训课程当中。

"猴子"指的是双方谈话结束后的下一个行动步骤。举个例子，下属小帅说："我有一个技术难题需要你的帮助。"管理者回复："我让大壮来帮你看一下。"这时候"猴子"就跳到了大壮的背上。如果管理者对小帅说："这个问题好像以前遇到过，我回头确认下。"这时候"猴子"看似回到了管理者的背上，实际上它已经没人喂养了。

威廉·安肯三世提出的猴子管理法则，就是关于如何喂养、管理"猴子"的方法论：既要避免"猴子"因无人喂养而"饿"死，也要避免让太多"猴子"跳到下属背上，把下属累死。这个法则的目的在于帮助管理者确定适当的人选，让他在适当的时间，用正确的方法做正确的事。身为管理者要能够让员工去喂养自己的"猴子"，自己也就有足够的时间去做规划、协调、创新等重要工作。关于喂养"猴子"，管理者需要注意以下原则（见表2-2）。

表2-2　喂养"猴子"的五大原则

| 序号 | 原则 | 说明 |
|---|---|---|
| 1 | 谁的"猴子"谁自己来背 | 下属要对自己的"猴子"负责到底，不能推卸 |
| 2 | 管理者可以给下属方向和建议，但"猴子"还是下属的 | 如果管理者没有及时给予答复，下属要主动去找寻问题的答案，因为"猴子"在下属的背上 |
| 3 | 管理者不要越级干预下属的"猴子"，否则容易造成混乱 | 如果情况紧急，管理者必须要做越级干预，也要告知相关人 |
| 4 | 管理者要与下属面对面确认"猴子"的数量、喂养时间、轻重缓急 | 目的是确保最佳的"猴子"还活着，适时放弃无效的"猴子" |
| 5 | 管理者作为教练，目的是培养下属自力更生的本事 | 自力更生是每个人经过自制、忍耐与坚持，才能获得的后天特质 |

也就是说，管理者不必帮下属喂养"猴子"，而应当腾出更多的精力去喂养自己的"猴子"。

管理就是通过他人拿结果，管理者追求的是团队成功而不是个人成功。因此，作为管理者要懂得授权，不要什么事情都大包大揽。不要怕下属做不好，管理者不授权下属就永远没有机会做好。对管理者来说，一件事情自己做是 100 分，下属做是 80 分，但宁可选择让人去做得到 80 分，自己也得跳出来看全局。

授权的好处在于，既减轻了管理者自己的工作量，使自己有更多的时间来思考和处理更重要的事情，又充分调动了下属的工作积极性，培养了下属的工作能力，一举两得。根据二八原则，凡事要抓关键，管理者要把精力放到重要的事情上。调研发现，对管理者来说，80% 的事情都是可以授权的，他们只需要做事关组织命运和前途的那不能授权的 20% 的事情即可（见表 2-3）。

表 2-3 可以授权的事情与不能授权的事情列表

| 序号 | 可以授权的事情（80%） | 不能授权的事情（20%） |
|---|---|---|
| 1 | 日常事务性工作 | 有关策略与机密的事情 |
| 2 | 专业性的工作 | 人事任免、下属培养 |
| 3 | 不紧急也不重要的事情 | 危机事情 |
| 4 | 资源的运用、方法的选择 | 目标设定、奖励与处罚的决定 |
| 5 | 可以代表其身份出席的工作、一般客户接待 | 上司让你亲自办的事情 |

总而言之，对管理者来说，如果不是非自己做不可的事情，宁愿把事情交给下属去做，把省下的时间用在更重要的事情上。

## 留出整块时间来深度工作

还有一个非常重要的时间管理诀窍就是：留出整块时间来深度工作。什么叫整块时间？就是管理者在安静的环境里能专注做事情的时间。正如德鲁克所说，有效的管理者知道他必须要集中他的可支配的自由时间，时间分割成许多段，等于没有时间。<sup>⊖</sup>因此不要用碎片化时间做重要的事情，它没办法让管理者进行深度思考和学习。

深度工作中最关键的部分是深度思考。美团创始人王兴说：多数人为了逃避真正的思考愿意做任何事情。这些人表面上很勤奋，实际上却刻意回避了真正困难但更有价值的部分——深度思考。他们是在用战术上的勤奋来掩盖战略上的懒惰。这种思维上的懒惰所带来的低认知水平，使自己成为"低品质勤奋者"，得到的也是低价值结果。因此，管理者需要深度思考才能带来认知升级，从而成为"高品质勤奋者"。

《深度工作：如何有效使用每一点脑力》一书提出：高质量工作产出 = 时间 × 专注度。正因如此，许多科学家、文学家、艺术家甚至企业家喜欢过隐居生活，远离尘事，让自己静下心来深度思考。心理学大师卡尔·荣格喜欢住进苏黎世乡村的"塔楼"，每天在私人办公室度过 2 小时，不受外界打扰，心无旁骛地进行冥想、

---

⊖ 德鲁克. 卓有成效的管理者：55 周年新译本［M］. 辛弘，译. 北京：机械工业出版社，2022.

深度思考和撰写论文。微软创始人比尔·盖茨每年都有两次"思考周",在这段时间里,他会远离尘嚣(通常是在湖边小屋),只读书,思考大局。阿里巴巴创始人马云也曾经多次"闭关修炼",在淘宝最困难的时候曾在西安闭门三天。

想要深度工作,你需要远离外界的干扰,高度专注于自己想要做的事情。《深度工作:如何有效使用每一点脑力》一书介绍了四种远离外界干扰的工作模式(见表2-4)。

表2-4　四种远离外界干扰的工作模式

| 工作模式 | 禁欲主义哲学 | 双峰哲学 | 节奏哲学 | 新闻记者哲学 |
|---|---|---|---|---|
| 日程安排 | 与世隔绝,远离尘世喧嚣和科技,过着隐居生活,不使用网络和电话(可以收信件) | 将个人时间分成两块,将某一段明确的时间用于深度追求,余下的时间做其他所有事情 | 每天有一个固定的时间(两三小时)进入深度工作的状态,屏蔽外界的干扰 | 只要有空闲时间,随时随地转入深度工作模式 |
| 主要群体 | 文学家、艺术家、科学家 | 科学家、教授、学者、作家、咨询师 | 企业家、管理者、大多数企业从业人员 | 媒体工作者、诗人 |
| 代表人物 | 余秋雨 | 卡尔·荣格 | 杰瑞·宋飞 | 沃尔特·艾萨克森 |

禁欲主义哲学模式可能不符合大多数人的价值观,大多数人也不会像施行双峰哲学模式的人一样接连安排多天的深度工作时间,

因此选择施行节奏哲学模式是不错的选择，但前提是工作节奏是稳定的朝九晚五模式。

如果管理者的日程安排很满，经常要出差、加班，没办法挤出时间施行节奏哲学模式，那么施行新闻记者哲学模式，则可以竭尽可能挤出更多的深度工作时间。

需要注意的是，对施行新闻记者哲学模式的人来说，深度工作的日程安排是很难做的，因此这一模式不适合刚尝试深度工作的新手。如果管理者对自己的工作价值有足够的信心，实现深度工作的技能足够熟练，施行新闻记者哲学模式将是一种非常不错的好办法，能帮助管理者在紧密的日程安排中挤出大量的深度工作时间。

### 在合适的时间做合适的事

管理者要发现自己在一天中什么时间段的工作效率最高，有的人是夜深人静的时候创造力最强，有的人是早上工作思维最敏捷；还要了解自己在一周当中什么时间段的工作效率最高，有的人是周末状态最好，有的人则是一到周末就想休息了。一天精力分配表样例和一周精力分配表样例如表 2-5 和表 2-6 所示。

选择在合适的时间做合适的事情，管理者就能获得心理学上所说的"心流"体验—— 一种全神贯注、忘我投入的状态。就像恋爱时的感觉一样，心流产生的同时会有高度的兴奋感与充实感，管理者甚至感觉不到时间的存在，在某件事情完成之后会有一种充满能量并且非常满足的感觉。

表2-5　一天精力分配表样例

| 时间段 | 早上 | 中午 | 下午 | 晚上 |
|---|---|---|---|---|
| 主要特征 | 精力充沛 | 思考迟钝 | 冷静 | 放松 |
| 安排 | 开会、决策、给方向和思路 | 休息、散步 | 做计划、面对面沟通 | 学习、复盘、开展社交活动 |

表2-6　一周精力分配表样例

| 时间段 | 周一、周二 | 周三 | 周四、周五 | 周六、周日 |
|---|---|---|---|---|
| 主要特征 | 精力充沛 | 思考迟钝 | 冷静 | 放松 |
| 安排 | 关注重点工作、决策、给方向和思路 | 跟进重点工作、调整或更新计划、进行走动管理 | 思考问题、沟通交流、做计划和规划 | 阅读、写作、开展家庭亲子活动和社交活动 |

此外，管理者要保障自己有足够多的时间休息和静下心来思考，不要总是处于马不停蹄的忙碌状态。

所以，作为管理者，尽量把状态最好的时间段用于做最重要的事情，例如尽量在上午开会，因为上午时头脑清晰，身体也没有那么累；尽量不要中午开会，因为中午时思维不清晰，也容易犯困。

## 有效利用碎片化时间

不管我们愿不愿意，时间碎片化已真实地存在于每一个人的身边。所谓碎片化时间，是指那些没有被计划的、零散的、规律性较差的时间。时间碎片化改变了我们学习、工作和生活的习惯，对自我管理提出了新的挑战。

要想高效利用碎片化时间，就要先了解碎片化时间的形成原因和特点。从形成原因来看，碎片化时间可分为客观形成和人为制造两类。

一部分碎片化时间是长久以来一直存在的，它们大多数出现在两个主要任务之间，如上下班的通勤时间是工作和照顾家庭两个主要任务之间的过渡时间。这类碎片化时间，即客观形成的碎片化时间是主要任务之间的必要缓冲环节，也是我们调整状态、调节心情的时间。只要主要任务存在，这类碎片化时间就会存在。

还有一部分碎片化时间是人为制造出来的，如本应在 1 小时内认真撰写工作报告，可我们难免会中途一会接电话、一会回短信、一会看邮件、一会上厕所。这 1 小时被人为地切割成好几个零碎的时间段，影响了工作效率不说，有时还会让人变得焦躁和不安。

那么如何有效利用碎片化时间呢？以下几个方法可供参考（见图 2-7）。

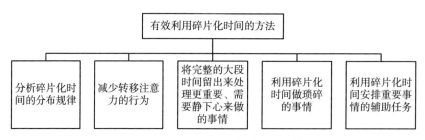

图 2-7    有效利用碎片化时间的方法

第一，要结合自己的实际情况，分析碎片化时间的分布规律，看看大多数时候聚焦在早上、下午还是晚上，在周末（或节假日）还是工作日。

第二，尽量减少转移注意力的行为，从而避免一些碎片化时间的形成。例如，计划晚上阅读 1 小时，就要抵挡住手机的诱惑，不要做时不时地刷朋友圈，或者过一会就喝口水之类的事情。

第三，要化零为整，将完整的大段时间留出来处理更重要、需要静下心来做的事情。对于人为制造的碎片化时间，应尽量避免或进行整合。例如，晚上回到家之后，没有人打扰，这个时间可以用来思考工作规划、看书学习等。

第四，可以利用碎片化时间做琐碎的事情。例如，在等车的时候可以浏览新闻、进行社交聊天、刷朋友圈、看视频、听音乐、听在线课程等，这些大多数都属于占用的时间较短、灵活性强、分阶段做对效果的影响较小的事情。

第五，可以利用碎片化时间安排重要事情的辅助任务。例如，如果要写作，一般来说每天上午效率最高，但那时没有完整的大段时间用于写作，那么可以把收集素材、记录观点、制定写作框架等任务安排在上午。

## 实战案例：通过聚焦重点提升部门效率

David 作为某科技公司的人力资源副总裁（HRVP），刚接手人力资源部门时，他面临的首要挑战是关键人才短缺。招聘部门和培训部门都缺乏负责人，他不得不亲自上阵，管理幅度达到了 15 人。与此同时，他还需处理各种事情，如高层管理者招聘面试、高层管理者绩效面谈、城市经理紧急招聘、战略会筹备、绩效申诉和劳动仲裁等。这些事情不仅繁多，而且每一项都至关重要，容不得半点马虎。

面对如此繁重的任务，David 深知时间管理的重要性。他明白，要想高效地完成任务，就必须对事情进行轻重缓急的排序，确定优先级。于是，他开始对所有的事情进行深入的分析和思考，按照重要性和紧急性进行排序。

首先，他认识到作为 HRVP，他的第一客户是 CEO。CEO 关注的事情往往关系到公司发展的关键事项，因此他必须将这些事情排在前面。于是，他将公司级的高层管理者招聘面试、高层管理者绩效面谈、战略会筹备以及 CEO 特别关注的事情列为优先级最高的事情。这些事情不仅关系到公司的长远发展，而且需要他亲自参与和协调，以确保各项工作的顺利进行。

表 2-7 中是 David 某一周的关键事情时间安排，从中可以看出他在各个工作事项上的时间投入。

表 2-7　David 某一周的关键事情时间安排

| 时间 | 工作事项 | 具体时间段 | 时间投入 |
|---|---|---|---|
| 周一 | 主持公司周会（CEO 参加） | 09:00—12:00 | 3 小时 |
| | 高层管理者招聘面试 2 人 | 14:00—17:30 | 3.5 小时 |
| | 与 CEO、外部战略顾问讨论战略会引导材料 | 19:00—21:30 | 2.5 小时 |
| 周二 | 组织人力资源部门周会 | 09:00—10:30 | 1.5 小时 |
| | 高层管理者招聘面试 1 人 | 11:00—12:00 | 1 小时 |
| | 与 CEO 沟通战略会参会名单、高层管理者绩效面谈时间安排、干部调动情况 | 14:00—15:00 | 1 小时 |
| 周三 | 陪同 CEO 与高层管理者做年度绩效面谈 | 09:30—16:00 | 4.5 小时 |
| | 与 CEO 沟通高层管理者调薪情况、高层管理者领导力培训时间安排 | 20:30—21:00 | 0.5 小时 |
| 周四 | 高层管理者招聘面试 1 人 | 11:00—12:00 | 1 小时 |
| | 与 CEO、外部战略顾问讨论第一次战略会议程、引导材料 | 14:00—23:00 | 9 小时 |
| 周五 | 组织公司战略会 | 09:00—23:00 | 12 小时 |
| 周六 | 组织公司战略会 | 09:30—17:00 | 5.5 小时 |
| 周日 | 高层管理者招聘面试 1 人 | 11:00—12:00 | 1 小时 |

说明：中午 12:00 到 14:00 有 2 小时的午餐和午休时间。

　　从表 2-7 可以看出，David 在这一周里面，花在与 CEO 相关的事情上的时间达 38 小时，这还不包括在高层管理者招聘面试上的 6.5 小时，加起来相当于 5 个工作日的工作时间，这不仅能看出

David 的工作重心，也能反映出他的勤奋程度。

接下来，David 将城市经理紧急招聘列为次优先级事情。他明白，城市分公司是公司的主要收入来源，只有确保公司能够及时招聘到合适的人才，才能保持公司的竞争力和业务发展的动力。因此，他积极与区域管理者沟通，了解他们的需求，并亲自参与招聘流程优化的研讨。

David 还善于借助团队的力量，将一些不太重要的事情分配给下属去完成，以减轻自己的工作压力。例如，一些同样紧急但没那么重要的事情，如绩效申诉和劳动仲裁等，则充分授权给人力资源业务合作伙伴（HRBP）和员工关系经理去处理。但他同时要求下属制订详细的工作计划并向他汇报，David 通过详细具体的工作计划，来确保这些事情能够得到及时有效的解决。他同时会花时间与下属开座谈会或做一对一沟通，借此激励和辅导下属，稳定军心。

在处理事情的过程中，David 还注重提高自己的工作效率。他善于利用碎片化时间，如在等待会议开始、乘坐交通工具时，处理一些简单的邮件、回复信息等。在周末等待孩子上完兴趣班的空隙，他还让招聘部门安排了一场面试。他的包里总是会有一本书，在等飞机或高铁的时候，他会拿出带来的书安静地阅读。在陪太太看电视的时候，他会同时整理自己的发票。

通过这样的时间管理策略，David 成功地应对了人力资源部门的各种挑战。他不仅完成了所有的工作，而且为公司的发展做出了重要贡献。他的出色表现也赢得了 CEO 和同事们的高度认可。

第三章

# 自我认知
### 更深入地探索自我

## 自我测试：你的自我认知清晰吗？

以下 5 个特征中，如果你符合 3 个及以上，那么表明你的自我认知水平很一般，需要认真阅读本章内容。

- 别人给我发的信息，我经常已读不回
- 面对同事或下属，我经常一言不合就发脾气
- 我总觉得身边的同事或朋友水平都很差
- 我觉得我之前失败的事情都是外部因素导致的
- 我觉得我几乎没什么缺点

## 价值定位：自我认知是自我发展的起点

在人生的旅途中，我们努力在纷繁复杂的世界中寻找属于自己的位置。然而，要想实现真正的自我发展，我们需要回答三个基本问题："我在哪里？""我要去哪里？"以及"我怎么去？"。这三个

问题构成了我们自我探索的框架，而其中最为核心的，无疑是"我在哪里？"——也就是自我认知。

自我认知，简而言之，就是对自己的了解。它涵盖了我们的身份、价值观、能力、优缺点以及我们的情绪状态等各个方面。只有当我们能够清晰地认识到自己的位置时，才能够更准确地把握自己的发展方向，从而避免在追求梦想的道路上迷失方向。那么，为什么自我认知是自我发展的起点呢？

首先，自我认知为我们提供了一个明确的参考点。在追求个人目标的过程中，我们时常会面临各种选择和挑战。如果没有一个清晰的自我认知，我们就很难做出符合自己实际情况的决策。而在我们有了明确的自我认知后，我们就能够根据自己的特点、能力和兴趣来制订计划，选择最适合自己的道路。

其次，自我认知能够激发我们的成长动力。当我们认识到自己的不足和问题时，我们就会有一种强烈的意愿去改变现状，追求更好的自己。这种动力会促使我们不断地学习、尝试和进步，从而实现个人的成长和发展。

然而，现实中并不是每个人都能够拥有清晰的自我认知。有些人可能对自己的特点和问题视而不见，或者对自己的评价过于主观和片面。在这种情况下，他们就很难实现真正的自我发展。笔者研究发现，那些自我认知清晰的人，虽然前期会因为试错能力提升较慢，长期来看，其进步速度比自我认知不清晰的人快许多（见

图 3-1）。而那些自我认知不清晰、看不清自己的特点和问题的人，就会失去进步的可能性。只有充分地认识自我，才有可能真正成长。

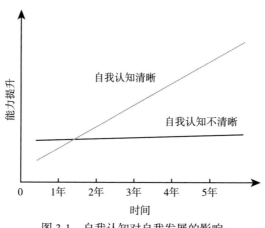

图 3-1    自我认知对自我发展的影响

对管理者来说，自我认知清晰比一般员工更加重要。这是因为管理者的自我认知不仅影响到自身的发展，还直接影响到整个团队的方向和效率。一个自我认知清晰的管理者，能够更好地评估自身的能力、优势和局限性，从而在决策时更加客观、准确；能够根据团队实际情况灵活调整自己的管理风格，以充分激发团队成员的积极性和创造力；能够更好地管理自己的情绪，保持冷静和理智，构建和谐稳定的团队氛围；能够更准确地认识到自己的不足和需要改进的地方，从而有针对性地制订个人成长计划，不断提升自己的能力和素质。

总之，管理者的自我认知对于其个人和团队的发展都具有至关重要的意义，管理者要不断地增强自我认知，通过认清自己的角色、能力、了解自己的情绪状态，提升自己的管理水平，适应不断变化的管理环境，迎接新的挑战。

## 问题洞察：管理者的傲慢与偏见

权威调查显示，大部分人在自我认知上存在着显著的偏差，这种偏差对管理者来说尤为致命。管理者的自我认知偏差主要表现为以下三种心态（见图 3-2），这些偏差的形成有其深刻的心理学背景。

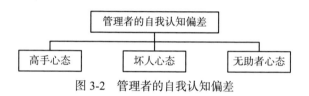

图 3-2 管理者的自我认知偏差

**一是高手心态。**高手心态的心理学基础是优于平均效应：人们往往认为自己的能力和表现要超出平均水平，把自己当"高手"。这种心理倾向在管理者中尤为明显。他们可能对自己的业务水平和决策能力过于自信，导致对实际情况的忽视。这种自信有时会演变为自以为是甚至自命不凡，使管理者对与自己判断不符的信息视而不见。

有国外学者做过一个研究：他向 1000 名工程师发放了调查问卷，请他们评估一下自己和同行的业务水平。超过 33% 的工程师认为，自己的业务水平处于行业的前 5%。企业家也是如此。多项研究表明，认为自己在投资项目上取得成功的概率是 100% 的企业家占三分之一。再加上其他的数据，平均算下来，认为自己成功的概率在 70% 以上的企业家达 80%，而实际上企业投资项目的成功率只有 33%，也就是说失败的概率是三分之二。

**二是坏人心态**。坏人心态的心理学基础是基本归因偏差：人们在解释他人行为时往往忽视环境因素，而过分强调个人因素，把别人当"坏人"。这是因为自己对自己的想法、动机和具体行动非常了解，但是对他人往往需要观察和进一步沟通才能了解。这种偏差在管理者身上表现为对团队成员的贡献度评估不足。他们可能过于关注自己的工作量和付出，而忽视他人的贡献和努力。

笔者曾面试过一个咨询师，他说他做了一个比较成功的大项目。笔者问他都有哪些人参与，他说主要工作都是由他完成的，包括方案的撰写、项目全过程的推动与协调等。笔者又问他上司有没有给什么支持，他说上司主要是对方案进行把关并反馈修改意见，在项目汇报时到现场回答了客户的一些问题。笔者接着问他在这个项目上，他的贡献度有多少，他说 80%。笔者表示，这 80% 是指工作量，而不是贡献度。这位应聘者虽然做了很多事情，但相比上司所做的事情，难度要低很多。

**三是无助者心态**。无助者心态的心理学基础是自利偏差：人们倾向于将成功归因于自身，而将失败归咎于外部环境。当项目成功时，管理者可能过分夸大自己的贡献；当项目失败时，管理者则可能将责任归咎于团队、市场或其他外部因素。这种自我保护的心理机制使得管理者难以客观地评估自己的能力和决策效果。

笔者曾帮助很多企业的中高层做过测评，以帮助他们更好地认识自身能力和优劣势。通常来说，测评结果好、得分较高的人对测评结果没有太大的异议，而测评结果较差、得分较低的人会有很强的抵触情绪，有些人会说："你们的测评工具不准！你们的题目设计有漏洞！"还有一些人声称："我测评那天刚好状态不好。"人们对于自己获得的赞扬不会有太多的怀疑，对于负面的评价却总是质疑外部因素。

管理者的自我认知偏差对组织会产生负面影响。由于高估自己的能力和忽视外部因素，管理者可能做出错误的决策，导致组织资源的浪费和机会的错失。

此外，这种偏差会影响团队成员的合作和团队的氛围。管理者对团队成员的贡献度评估不足会导致团队成员不满和失望，进而影响团队的凝聚力和整体表现。这种偏差还会影响管理者的个人成长和职业发展。由于无法客观地评估自己的能力和表现，管理者可能无法发现自己的不足和提升空间，从而错失成长和进步的机会。

## 方法提炼：拨开自我认知的迷雾

### 自我认知的三个方面

管理者的自我认知包括以下三个方面（见图 3-3）。

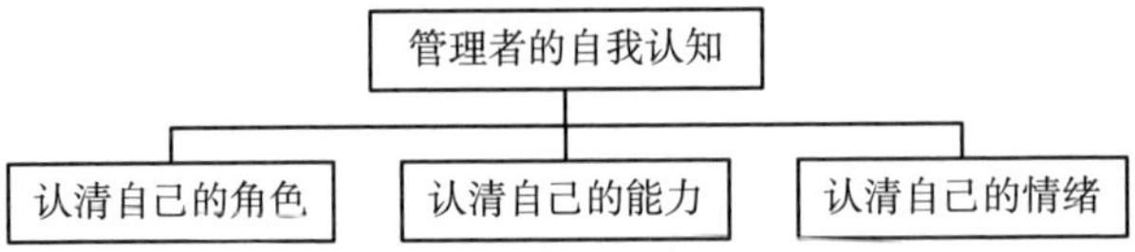

图 3-3　管理者的自我认知

**一是认清自己的角色。**管理者需要明确自己在组织中的位置，了解自己的角色和定位，以及这个角色对于组织的重要性。例如，管理者与一线业务人员的角色是不同的，中层管理者与基层管理者的角色也有较大的差异。有的中层管理者做了很多基层管理者该做的事情，这就是没有认清自己的角色。管理者只有认清自己的角色，才能做正确的事情。

**二是认清自己的能力。**管理者需要对自己的能力有一个客观的评价，知道自己的能力处于什么水平，了解自己的优劣势，知道自己擅长什么、不擅长什么，以及自己喜欢什么、追求什么等。同时，管理者还需要认识到，自己的哪些能力是可以自行提升的，哪些能力是不太容易提升，需要跟别人合作来互补的。管理者也不要错把平台当能力，在原来的公司混得风生水起不代表自己真的能力强，那可能是有平台资源的加持，有的管理者离开了原来的平台之后可能什么也做不成。

一位某大企业的中高层管理者加入了一家创业型公司，由于名校与名企光环加持，他总觉得自己很厉害，瞧不起公司其他同事。但是慢慢地，他发现自己过去在大企业的成功经验并不能帮他解决问题，而那些所谓能力差的老员工身上却有很多优点值得他学习。他才意识到，以往的成功不是因为自己真的很厉害，而是因为原来的大企业体系很完善，自己吃了组织的红利。

**三是认清自己的情绪**。对管理者来说，情绪管理是一项至关重要的能力。一个情绪稳定的管理者，能够在压力下保持冷静，做出明智的决策；一个情绪失控的管理者，则可能会给团队带来负面影响，甚至导致团队的失败。管理者需要学会识别和管理自己的情绪。首先，管理者要认识到情绪的存在是正常的，不必过于抵触或压抑。其次，管理者要学会用积极的方式表达自己的情绪，避免做出情绪化的行为。最后，管理者还需要学会调节自己的情绪，让自己在面对困难时能够保持冷静和乐观。

## 自我认知的三重境界

人的自我认知有四种状态：不知道自己不知道、知道自己不知道、知道自己知道、不知道自己知道。猎豹移动的 CEO 傅盛认为，有95%甚至更多的人处于"不知道自己不知道"的状态。这些人实际上就是自我认知不清晰——以为自己什么都知道，实际并不然，这也是为什么碌碌无为的人是大多数。

经过从"知道自己不知道"到"知道自己知道"再到"不知道自己知道"的过程，才逐步进入自我认知清晰的状态。因此自我认知的三重境界如下（见图 3-4）。

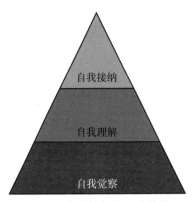

图 3-4　自我认知的三重境界

**第一重境界是自我觉察。** 这是自我认知的初始境界，个体开始意识到自己的存在和内心世界，能够感知到自己的情绪、感受和基本需求。处于第一重境界的个体往往只能识别到表面的、直接的情绪和感受，对于深层次的心理活动和动机还缺乏理解。

**第二重境界是自我理解。** 在自我觉察的基础上，个体开始尝试理解自己的性格、能力、价值观以及与他人的关系等方面的特点。个体不仅关注自己的内心体验，还开始思考自己为什么会这样想、这样做，以及自己的行为和决策背后的动机是什么，同时也开始意识到自己在社会中的角色和定位，以及与他人之间的关系。

**第三重境界是自我接纳。** 在自我理解的基础上，个体开始接受自己的不完美和局限性，以积极、开放的态度面对自己的内心世界和外部世界。不仅了解自己的优势，也接受自己的不足，开始意识到自己的成长是一个持续的过程，愿意不断地学习；通过自我接纳和积极的心态调整，积极应对各种挑战和困难，保持健康的心理状态，也积极与他人合作，建立更加积极、和谐的人际关系。

总之，自我认知是一个持续发展和深化的过程，通过不断提高自我认知的能力，个体可以更好地了解自己、理解世界，实现自我成长和发展。

## 人不自知是因为不够开放

为什么大多数人"不知道自己不知道"呢？美国心理学家乔瑟夫·勒夫和哈里·英格拉姆在 20 世纪 50 年代提出的"乔哈里视窗"，可以很好地解释这一现象。它把人的内心世界比作一个窗口，根据"自己知道—自己不知道"和"他人知道—他人不知道"划分为 4 个区域：公开区、盲区、隐藏区和未知区（见图 3-5）。

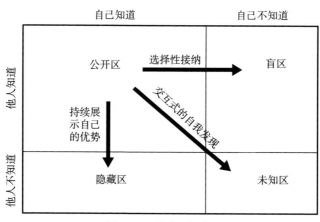

图 3-5　"乔哈里视窗"

公开区里的是自己知道、他人也知道的信息，如你的职责与分工等大家都知道的信息。公开区是人们最应该经营的一个区域，应尽可能地持续展示自己的优势，同时不惧怕暴露一些问题。只有当我们展示的信息足够充分时，才能收到来自他人的准确反馈，这样才能扩大自己的公开区。

盲区里的是自己不知道而他人知道的盲点信息，一般指自己的缺点或某些行为给别人带来的影响。人们容易过度自信，并不清楚自己的某些行为习惯和性格特点，有时自己以为的和别人理解的并不一致，若不沟通，就会造成误会。我们要为他人对自己的反馈开辟渠道，对收到的反馈进行选择性接纳，将在这一区域接纳的信息放入公开区，以完善自我。

隐藏区里的是自己知道而他人不知道的信息，如你的某些经历、心愿、秘密及好恶等。虽然总体上主张扩大公开区，缩小其他区域，但是隐藏区是一个完整的自我必须拥有的区域，因为必要的隐藏区是保持自我安全感的一部分。

未知区里的是自己和他人都不知道的信息。这个区域就是自我认知的"黑洞"。这一区域既代表人们未知的部分，也指向人们的潜能。人们应该尽可能地探索未知区，也许一个不可思议的自己将会从这个区域中浮现出来。

大部分人都知道别人"不知道自己不知道"，但是很少有人知道自己"不知道自己不知道"，这就产生了非常大的信息不对称。为什么人不知道自己"不知道自己不知道"？这是因为人们的自我认知存在"黑洞"，如果一个人在自己成长的过程中没有收到有效反馈，就会形成"黑洞"。对企业的管理者，尤其是中高层管理者来说，他们由于身处高处，更难收到别人的反馈和建议，所以更加不容易觉察到自己的不足。

苏格拉底说：自知其无知。因此，自我发展的努力方向是扩大公开区，缩小盲区和隐藏区，持续挖掘未知区。

## 操作指引：提升自我认知的四种催化剂

### 挑战高目标

有一句话很有道理：一个人的觉醒，1% 靠别人提醒，99% 靠"千刀万剐"，人不是被叫醒的，而是被痛醒的。稻盛和夫提到的"苦难能够教育人，促进人的成长"[一]，也是这个道理。在人生的旅途中，我们时常需要面对各种挑战，这些挑战考验着我们的能力，应对挑战更是我们提升自我认知、挖掘潜力的重要途径。

所谓挑战高目标，是指超越自我限制，设定一个远高于当前水平的目标，并全力以赴去实现它。稻盛和夫在《干法》一书中指出："高目标就是促使个人和组织进步的最大动力。"[二]那么高目标到底要"高"到多少呢？通常认为实现可能性达 70% ～ 80% 的目标是能激发团队潜力的，这样的高目标既不完全超出其成员的能力范围，也不至于低到让成员感到无聊至极，也就是"跳一跳能够得着"的。

---

[一][二] 稻盛和夫. 干法［M］. 曹岫云，译. 北京：机械工业出版社，2015.

　　智睿咨询（DDI）总结提炼出 50 多项促进员工能力成长的工作历练。DDI 认为，缺乏必要的工作历练，比其他因素更影响高潜质员工获得他们希望的晋升。通过参与各种工作历练，员工可以积累丰富的经验，提升解决问题的能力，同时也有助于他们形成更加全面和深入的自我认知。

　　挑战高目标，意味着要走出自己的舒适区，去面对那些有难度的任务。因此，它具有如下价值（见图 3-6）。

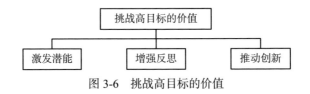

图 3-6　挑战高目标的价值

　　**一是激发潜能**。每个人都有自己的优势，但在舒适区内，我们往往难以发现全部优势。当我们面对有难度的任务，即挑战高目标时，往往会逼迫自己充分发挥自己的优势，调动自己所有的资源和智慧，寻找解决问题的方法。

　　**二是增强反思**。在挑战高目标的过程中，会遇到各种困难和挑战，这些困难和挑战往往会暴露出我们的短板。然而，正是这些痛苦的经历，让我们有机会停下来反思，更加清楚地认识到自己的不足，从而有针对性地改进和提升。

　　**三是推动创新**。挑战高目标往往要求我们打破常规、勇于创新才能取得成功。在挑战高目标的过程中，我们会不断探索新的思想和方法，从而推动创新和进步。

　　新东方创始人俞敏洪在其职业生涯中一直在不断挑战高目标。他连续参加了三次高考，前两次均因英语成绩不佳而未能如愿，但他继续努力学习，终于在第三次高考中取得了优异成绩，被北京大学录取。创办新东方并取得初步成功后，俞敏洪并未停下脚步，而是继续设定并挑战高目标，在国内外市场上赢得了良好的口碑和声誉。2021年国家出台"双减"政策，新东方等传统教育培训机构面临了前所未有的压力。俞敏洪敏锐地捕捉到了互联网的发展趋势，决定带领新东方团队转型新媒体。他将知识传播与直播带货相结合，打造知识型直播，这种独特的直播风格吸引了大量观众和粉丝，也为东方甄选赢得了良好的口碑。

　　总的来说，通过挑战高目标，我们可以更加深入地了解自己的优劣势和潜能所在，从而在未来的工作中更好地发挥自己的优势并克服劣势。

## 向内求

　　自我认知水平较高的人有一个共同特点，就是凡事先要向内求，即先从自己身上找原因（内归因），而不是把原因归结于外部（外归因）。在土巴兔集团内部经常讲的"成功多找客观原因，失败多找主观原因"，就是这个意思。

　　为什么要先从自己身上找原因？因为外部因素是不可控的。网上有一句话很有道理："你希望这个世界有什么样的改变，自己就首先成为那种改变。作为人类，我们的伟大之处不是改变世界，而是改变自我。"苏格拉底被视为"最有智慧的人",然而这位哲学家却回应:"我只知道我一无所知。"如果管理者觉得自己"满了",也就意味着自己的成长之路到头了。因此,只有认识到自己存在不足,不断提升自己,管理者才能获得成长。

有人说曾国藩是"古今第一完人",但是曾国藩也不是一开始就是完人。曾国藩每天以文字反省这一天的所思所想、所言所行,检查失识,督促自己向圣贤靠拢,这使他无论在逆境还是顺境中都能保持着克制、低调、冷静、审慎的心态,令人心生敬佩。

判断一个人是不是向内求,有一个重要的观察点就是情绪控制能力。那些能够控制自己情绪的人,通常具有更强的自我认知能力;那些情绪化严重的人,其实本质是太自我,自我认知不清晰。他们可能因为太过专注于自己的感受,而忽视了自身行为的后果和他人的意见。没有向内求,则很难从错误中学习,很难在挑战面前成长。他们可能会陷入以自我为中心的思维模式,固执己见,不愿意接受不同的观点,这无疑是成长之路上的障碍。

桥水基金创始人瑞·达利欧提出:"痛苦 + 反思 = 进步。"⊖任何人都应该从失败中学习,这是成长的必然过程。大多数人在痛苦时不愿反思,而一旦痛苦消失,他们的注意力就会转移,这样就很难成长。因此,要想进步,就必须要面对痛苦,然后在痛苦中反思。

---

⊖　达利欧. 原则［M］. 刘波,綦相,译. 北京:中信出版社,2018.

所以，我们要虚怀若谷，虚心接受他人的批评和建议，学会自我反思，多从自己身上找原因。

## 向外看

增强自我认知不仅仅是一个向内求的过程，也需要向外探索和学习，即向外看。通过拓宽视野和增长见识，我们可以更好地理解自己和周围的世界，从而培养出更宽广的格局和更高远的眼界。

当我们见多了世面之后，思维方式和看待问题的角度往往会发生较大的变化。我们会更加关注大局，学会从多个角度审视问题，这样会减少斤斤计较的情况。当我们意识到世界的多样性和复杂性时，往往会更加宽容和更易理解他人。我们会认识到，每个人都有自己的背景和经历，这些都会影响他们的行为和观点。因此，我们会更愿意放下小争执，寻求共识和合作。

向外看有三种方式：与人交流、阅读书籍、户外运动（见图 3-7）。

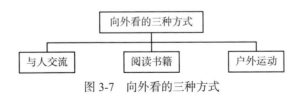

图 3-7　向外看的三种方式

**一是与人交流**。与人交流，特别是与领域内的高手交流，是一种非常有效的向外看的方式。通过与他们交流，我们可以了解到他们的思维方式、工作经验和解决问题的方法，这些都可以帮助我们拓宽视野，提升我们的格局，扩大我们的眼界。同时，交流也是一种互动的过程，通过与他人分享我们的想法和观点，我们也可以收到来自他们的反馈和建议，从而更好地认识自己。

**二是阅读书籍。** 书籍是人类智慧的结晶，阅读书籍就是在精神上与这个领域最厉害的人交流。书中的知识和思想可以激发我们的思考，帮助我们形成自己的见解和观点。领教工坊的肖知兴老师认为，阅读不同类别的书籍，能帮助管理者更容易看清、看淡、看透自己（见表3-1）。有了看清、看淡、看透的大背景，自然有助于我们提升自我认知，找到真正代表我们的人生价值、可以从一而终的人生目标。

表 3-1　管理者阅读不同书籍对自己的价值

| 书籍类别 | 对管理者的价值 |
| --- | --- |
| 文学、历史、传记类书籍 | 更容易看清自己，世界就是这么运转的 |
| 天文、地理、自然类书籍 | 更容易看淡自己，人类就是这么回事，很多时候与动物也没有什么区别 |
| 社科、宗教、哲学类书籍 | 更容易看透自己，有些东西其实不值得我们去费那么大劲 |

**三是户外运动。** 当人们走出房间到户外运动时，不仅身体处于活跃状态，心灵也通过与大自然相融合得到了放松和平静，让我们有机会暂时远离日常的喧嚣和纷扰，与自己独处，倾听内心的声音。在这种状态下，人更容易深入思考，可能会反思过去的经历，思考未来的方向，或者感悟到一些生活的真谛，对自我和世界有更深的理解和感悟。

　　笔者发现，很多成功人士，尤其是企业家，他们有极强的自我认知和自我发展能力，但是他们的爱好并不是打篮球、踢足球等集体活动，而是跑步、登山等可以独自完成的活动，这可能是因为职位越高，越感到孤独，也越需要静下来进行自我对话。

## 寻求他人的反馈

　　获取他人的反馈，特别是多角度、全方位的反馈，是提升自我认知非常有效的方法。这是因为他人眼中的我们才是真实的我们。我们每个人都有自己的主观视角和认知偏差，这些偏差可能会让我们对自己的能力、性格和行为产生错误的判断。而他人，作为与我们互动的对象，能够从不同的角度观察我们，提供我们难以自知的反馈。这些反馈就像是镜子，帮助我们看清自己的真实面貌。

　　通过倾听他人的反馈，管理者能够更全面地了解自己在工作中的表现，发现自身的优点和不足（见表 3-2）。

表 3-2　不同人的反馈对提升自我认知的作用

| 反馈人 | 反馈内容 | 作用 |
|---|---|---|
| 上级 | 下属在工作中的整体表现，包括任务完成情况、工作态度、沟通能力等 | 有助于管理者了解自己在公司或团队中的定位和价值 |
| 同级和下级 | 管理者在团队合作、领导能力、指导能力等方面的表现 | 能够帮助管理者深入了解自己在团队中的表现和影响力 |
| 客户或合作伙伴 | 关于产品或服务质量、客户满意度等方面的反馈 | 能够帮助管理者了解自己为工作的最终成果带来的价值，提供改进的方向 |

面对他人的评价反馈，管理者需要保持开放和客观的态度，不应过于在意负面评价或过度解读反馈结果。相反，管理者应该将反馈作为学习和成长的机会，从中汲取经验和教训。同时，管理者也需要学会区分有效反馈和无效反馈，选择性地接受和采纳那些有价值的建议。

当然，获取他人反馈并不是一件容易的事情。我们可能会担心他人的评价不够客观或存在偏见。但是，只要我们保持真诚和尊重的态度，积极寻求他人的反馈和建议，不仅能够更全面地了解自己在工作中的表现，还能够发现自身的优点和不足，为我们未来的成长打下坚实的基础。

除此之外，可以利用人才测评工具等专业工具来增强自我认知，常见的有心理测验工具、评价中心等。心理测验工具有盖洛普优势识别器、卡特尔16型人格测试、MBTI测试、PDP性格测试、DISC个性测验、霍兰德职业兴趣测试等，这些测验一般可以在线作答，能快速生成报告。评价中心一般有公文筐、管理事件处理、无领导小组讨论、管理游戏等。相对心理测验工具而言，它的体验感更强，通过高度模拟特定工作情境或活动场景，使被试人身临其境，再由主试人根据被试人在特定情境下的表现来对被试人的各项能力做出评价，所以人们能够切身地感受和发现自身能力、性格等方面的优缺点。这些测评结果在专业人士的解读下会更容易理解和应用。

## 实战案例：一位中层管理者的自我认知转变之路

Michael 是一位中层管理者，拥有敏锐的商业洞察力和过人的决策魄力，总能在关键时刻带领团队突破重围，创造佳绩。然而，他的脾气暴躁，容易冲动，在跨部门协同和与下属沟通时采用的方式不当，成了他职业生涯中的一大障碍。

Michael 的火暴脾气使得他在与其他部门合作时经常发生摩擦。他习惯性地用命令和指责的方式与人交流，而不是寻求共识和合作。这种态度不仅影响了团队的凝聚力，也导致了跨部门协同的困难。同时，他对下属也缺乏耐心和同理心，常常因为一些小错误而大发雷霆，使得下属感到压力巨大，工作氛围紧张。

尽管 Michael 拥有较高的业务敏锐度与良好的策略制定能力，但由于他的领导风格，团队成员流失率一直居高不下。刚开始，他凭借个人的魅力和能力，能够带领团队迅速取得业绩上的突破。但随着时间的推移，团队成员逐渐无法忍受他的火暴脾气和冲动行为，纷纷选择离开。这不仅削弱了团队的实力，也影响了团队的业绩，他也被公司进行了降级降薪的处罚。

面对频繁的挫折和失败，Michael 开始反思自身的问题。他意识到，虽然自己拥有出色的才能，但如果没有和谐的团队氛围和稳定的成员队伍，一切都是空谈。于是，他开始进行深入的自我反思和复盘，试图找到问题的根源。

在业余时间，Michael 阅读了大量心理学和沟通方面的图书，也主动寻求其他同事的反馈，了解自己在领导和沟通方面的不足。慢慢地，他从中明白了自己的根本问题在于过于以自我为中心，缺乏同理心，不够尊重他人，所以导致在工作中处处发生冲突。于是他开始学会多从利他的视角思考问题，多替别人着想，用更加平和、开放和包容的心态面对工作中的挑战。

经过两年多的努力和修炼，Michael 发生了较大的改变。他学会了倾听他人的意见和建议，用更加开放和包容的心态面对不同的声音。在跨部门协同时，他不再用命令和指责的方式，而是努力寻求共识和合作，共同推动工作的进行。在与下属沟通时，他变得更加有耐心和同理心，尊重团队成员的想法和意见，充分激发团队成员的工作积极性和创造力。

这些改变不仅让 Michael 在个人素质上得到了提升，也带来了团队和业绩上的积极变化。团队成员逐渐感受到 Michael 的变化，开始重新信任和尊重他。他们愿意与 Michael 一起努力，共同为公司的发展贡献自己的力量。随着团队凝聚力的增强和团队士气的提升，团队的业绩也逐渐好转。

最终，Michael 的努力得到了公司的认可。他重新获得了晋升的机会，成为一个更加成熟和稳重的管理者。他用自己的经历告诉我们：一个人的能力和智慧固然重要，但更重要的是他的心态和领导风格。只有具备了平和、开放和包容的心态，以及良好的领导风格，才能真正成为一个优秀的管理者。

中 篇

管理任务

# 第四章

# 目标制定

## 给团队清晰的方向

### 自我测试：你善于制定目标吗?

以下 5 个特征中，如果你符合 3 个及以上，那么表明你的目标制定水平很一般，需要认真阅读本章内容。

- 对于我制定的目标，下属经常理解有偏差
- 对于我制定的目标，下属总是有抵触情绪
- 我制定的目标让下属经常顾此失彼
- 我制定的目标经常进行调整
- 我制定的目标经常完成不了

## 价值定位：目标管理是管理中的管理

国外曾有人做过一个实验：组织三组人，让他们分别前往距离出发地十公里以上的三个村庄。⊖

---

⊖ 熊勇清. 管理学：原理、方法与案例 [M]. 上海：复旦大学出版社，2011.

第一组不知道去的村庄叫什么名字，也不知道有多远，实验组织者只告诉他们跟着向导走就行了。结果这个组刚走了两三公里时就有人叫苦，走了一半，就有人抱怨，有的人甚至再也不肯走了。越往后人的情绪越低落。

第二组知道去哪个村庄，也知道它有多远，但路边没有里程碑，他们只能凭经验估计需要走两个小时左右。这个组走到一半时开始有人叫苦，走到全程的四分之三时，大家情绪低落，觉得疲惫不堪，而路程似乎还很长。但是当有人说："快到了！"时，大家又振作起来，加快了步伐。

第三组不仅知道村庄的名字、路程有多远，而且路边每隔一公里就有一块里程碑。人们边走边留心看里程碑，每看到一个里程碑，大家便有一小阵的快乐。行程中他们用歌声和笑声来消除疲劳，情绪一直很高涨，所以没人叫苦就到达了目的地。

这个故事告诉我们，当人们的行动有明确的目标，并且把自己的行动与目标不断加以对照，清楚地知道自己的进行速度和与目标相距的距离时，行动的动机就会得到维持和加强，人就会自觉地克服一切困难，努力达到目标。

什么是目标？通俗地说，目标就是在一定时期内我们想要得到的结果。目标管理（Management By Objective，MBO）由德鲁克于 20 世纪 50 年代提出，它被称为"管理中的管理"。德鲁克认为，企业目标可以和海上导航的指南针相比拟。<sup>⊖</sup>目标管理并不是对目

---

⊖　德鲁克. 管理的实践［M］. 齐若兰，译. 北京：机械工业出版社，2018.

标进行管理，而是通过目标进行管理。目标管理具有以下几个价值
（见图 4-1）。

图 4-1    目标管理的价值

**价值一是引导团队做正确的事。**德鲁克认为，关键领域的目标
是引导企业发展方向的必要"仪表盘"，没有目标的管理就好像飞
行时只凭直觉碰运气一样。<sup>○</sup> 目标管理为团队提供了明确的方向，
确保大家朝着同一个方向前进，有助于管理者合理分配资源，提升
团队的整体效率和工作成效。

**价值二是激发下属的工作动力。**目标在心理学上通常被称为
"诱因"，下属在通过不懈的努力最终实现目标后，将会有一种巨大
的成就感。而没有目标或者失去目标，下属顿时就会松懈下来，会
感到迷茫，对于业务可能得过且过，没什么追求。

**价值三是驱动下属的能力成长。**设定高目标可以促使下属走出
舒适区，尝试新的方法和技能。在应对挑战的过程中，下属会不断
学习和成长，提升自己的专业能力和综合素质。

**价值四是促进科学的绩效评估。**绩效评估必须要有清晰的标
准，而目标管理则为绩效评估提供了依据，使评估结果能够客观反

---

○    德鲁克. 管理的实践［M］. 齐若兰，译. 北京：机械工业出版社，2018.

映出下属的实际贡献，减少主观偏见和误解。

综上所述，目标管理在引导团队做正确的事、激发下属的工作动力、驱动下属的能力成长以及促进科学的绩效评估方面发挥着不可替代的作用，每个管理者都务必高度重视。

## 问题洞察：目标制定要避免的五个问题

笔者把目标管理分成三部分：定目标、追过程、拿结果。定目标是目标管理的起点，也是最关键的部分，管理者应当花最多的时间和精力在目标制定上。如果目标定得不好，其他工作做得再好都是徒劳。

在目标制定过程中，管理者常常会遇到一系列问题，这些问题若得不到妥善解决，将会严重影响目标管理的效果。目标制定要注意避免以下几个问题（见图 4-2）。

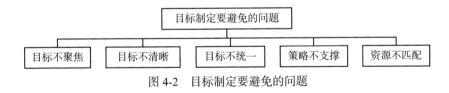

图 4-2　目标制定要避免的问题

**一是目标不聚焦。**有的管理者制定的目标指标个数过多（7 个以上），当管理者认为什么都重要时，其实就什么都不重要了，目标不聚焦就会导致下属感到迷茫，不清楚应该专注于哪些指标，资源也存在分配不合理的情况，无法实现集中突破。

**二是目标不清晰。**目标过于笼统和抽象，定义和口径模糊不清，下属对目标的理解就可能存在差异，在执行过程中频繁出现误解和混淆，导致工作方向不明确，这时下属往往不清楚如何着手去实现它，甚至可能出现与目标存在偏差的工作成果。例如，管理者设定了一个目标"持续提升部门业绩"，这样的表述不够清晰，缺乏具体、可衡量的数字和时间限制，更像是一个空洞的口号，难以激发真正的行动力。

**三是目标不统一。**在目标制定过程中缺乏下属的参与和反馈，管理者单方面决定目标，导致下属对共同目标缺乏认同感和归属感，在执行过程中容易出现分歧和冲突，影响团队凝聚力和工作效果。

**四是策略不支撑。**有了清晰的目标之后，如何将其转化为实际的行动计划，是目标管理的另一个关键。如果缺乏有效的策略支撑，路径不清晰，管理者缺乏未雨绸缪的意识，认为可以走一步算一步，那么目标就只是空中楼阁。

**五是资源不匹配。**有时，制定的目标与团队实际资源和能力水平不匹配，导致资源浪费或目标无法实现。团队在执行过程中经常面临资源短缺或过剩的问题，无法充分利用现有资源实现目标，甚至可能需要额外投入成本。

综上所述，目标管理虽然是一个复杂而烦琐的过程，但只要管理者能够充分认识到其中存在的问题并采取相应的解决措施，就能够确保目标管理的有效性，取得理想的成果。

# 方法提炼：好目标与坏目标

## 目标制定的三重境界

目标制定根据目标的清晰程度、牵引性、落地性等多方面因素，可以分为三重境界（见图4-3）。

目标精确

目标聚焦

目标清晰

图 4-3　目标制定的三重境界

**第一重境界是目标清晰。**一个清晰、具体的目标能够为团队提供明确的方向和动力，使人们更容易产生行动力。比如，"我们团队要保持快速增长"就是抽象模糊的目标，不够具体。而改成"我们团队要比上一年净利润增长 10%"，就变得非常具体了。目标的清晰性要符合以下几个原则。

一是上下同欲。下一级的目标要承接上一级的目标，上下级的目标要对齐，目标要层层拆解到最底层的员工。部门内员工的所有目标合起来，要能支撑部门负责人的目标；所有部门负责人的目标合起来，要能支撑公司总经理的目标。

二是左右协同。上下游部门要像"叠瓦片"：上游的目标要能盖住下游的目标，上下游的目标之间不能出现缝隙，这样公司这间屋子才不会漏雨。各部门要进行目标通晒，并且要在部门之间进行目标拉齐。应将下游部门视为客户，上游部门的目标要由下游部门来审核和提意见。

三是容易衡量。这一原则是说指标定义、口径界定要清晰，没有二义性。在实际工作中，很多绩效申诉往往来自指标定义与口径界定不清晰。

**第二重境界是目标聚焦。** 德鲁克说："有效性若有任何'秘诀'可言，那就是聚焦。"⊖《高效能人士的执行4原则》一书中指出，没有任何团队可以同时聚焦两个以上最重要的目标。什么事情都想做，最后可能什么事情都做不好。聚焦就是要集中精力抓主要矛盾和矛盾的主要方面，找到受杠杆效应影响最大的事情，从而使得其他事情变得不那么重要。因此，笔者建议目标不要超过7个，最好是5个左右。如果管理者认为什么都重要，其实就什么都不重要了（见图4-4）。

**第三重境界是目标精确。** 马斯克曾提出一个引人深思的观点："所有行动力的问题，其实都源于精确性的不足。"因此，目标制定

---

⊖ 德鲁克. 卓有成效的管理者：55周年新译本［M］. 辛弘，译. 北京：机械工业出版社，2022.

的最高境界是把目标细化到任务的颗粒度。稻盛和夫认为："必须用具体的数字明确地描绘目标""不仅要设定整个年度的目标，而且要明确设定月度目标。如果月度目标明确了，每个人就能看到自己每一天的目标。"<sup>⊖</sup> 很多时候，管理者之所以感到行动受阻，就是因为整个目标太大、太模糊，管理者不知道怎么做。把目标分解成多个小目标，每个小目标都是一个具体的、可执行的任务，管理者就有了思路。通过细化到任务的颗粒度，管理者可以使任务更加清晰、可控，减少不确定性和模糊性。在开展新业务时，也需要把目标进行细化，只不过不需要制订长期计划，并且计划要更高频地迭代。

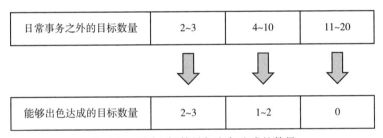

图 4-4　不同目标数量与出色达成的数量

## 制定目标要"四看"

要制定科学的目标，首先要明白什么是目标。目标就是可做的事情，可做是想做、应做、能做的交集。想做、应做关系到事情的必要性，能做关系到事情的可行性。想做某件事情是从企业的使

---

⊖　稻盛和夫. 经营十二条［M］. 曹岫云，曹寓刚，译. 杭州：浙江人民出版社，2023.

命、愿景出发，应做某件事情是从行业发展趋势和客户需求出发，能做某件事情是从企业内部组织能力与竞争优势出发（见图4-5）。

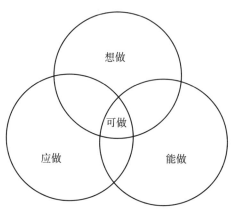

图4-5　可做与想做、应做、能做的关系

正因如此，华为在制定战略时有一个"五看三定"的方法论，其中"五看"是指看行业、看市场、看竞争、看自己、看机会，即从这五个方面来寻找机会点。阿里巴巴制定战略则要求"四看三定"，其中"四看"是指看行业/趋势、看市场/客户、看竞争对手、看自己。土巴兔每年在制定战略与年度经营计划时会开展"四情"调研，"四情"是指行情、客情、敌情、我情。

无论是华为的"五看"，还是阿里巴巴的"四看"，还是土巴兔的"四情"，这些企业都在用各自的方法论诠释着一个不变的真理：目标制定既要有内部视角，也要有外部视角；既要考虑必要性，也要考虑可行性。

结合华为、阿里巴巴、土巴兔等知名企业的做法，笔者认为在制定目标时需要"四看"并深入思考以下问题（见表4-1）。

表 4-1　制定目标的"四看"及需要思考的问题

| 四看 | 目的 | 需要思考的问题 |
|---|---|---|
| 看行业 | 行业是趋势的引领者，分析行业现状和未来趋势，确保目标具有前瞻性和市场适应性 | • 整个市场容量有多大？这是增量市场还是存量市场<br>• 目前该市场发展处于什么阶段<br>• 是否发布了对行业有所影响的相应政策<br>• 是否有能给行业带来影响的新技术<br>• 我们希望在行业中解决什么问题<br>• 我们希望在市场中扮演什么角色（引领者、跟随者、破局者）<br>等等 |
| 看客户 | 客户是需求洞察的源头，深入了解客户需求，确保目标以客户为中心，提升市场竞争力 | • 我们的目标客户是谁<br>• 实际客户与目标客户是否有偏差？是否需要调整<br>• 现在的客户结构是什么样的？应该按什么维度来进行分层或分类比较合适<br>• 客户的需求是什么？客户过去、现在、未来的需求可能有什么变化？客户的购买行为是否发生了变化？有哪些是不变的<br>• 客户在每个环节的体验如何？有哪些过程数据可以反映<br>• 客户持续续约／合作的理由是什么<br>• 客户的流失原因是什么？他们流去何处<br>等等 |

（续）

| 四看 | 目的 | 需要思考的问题 |
|---|---|---|
| 看竞争对手 | 竞争对手是市场表现的参照，分析竞争对手的策略与优势，助力企业制定差异化目标，保持竞争优势 | • 我们的竞争对手是谁？我们行业的标杆是谁<br>• 我们的对标对象是谁？有没有跨界学习对象<br>• 它们对未来有什么判断？它们是如何满足客户价值的？它们采取的竞争策略是什么<br>• 它们在业务和组织上有什么是最值得我们学习的？它们犯了什么错误，有什么需要我们关注的<br>等等 |
| 看自己 | 自己是目标落地的保障，通过审视企业的资源与能力，确保目标切实可行，推动企业稳步发展 | • 目标与结果的差距有多少？导致差距的是策略问题还是执行问题？哪个业务环节的问题最大？哪个团队掉链子了？是组织能力问题、机制问题还是文化问题<br>• 在目标达成上，我们做对了什么，做错了什么？有没有意外之喜？有没有板上钉钉的目标未达成？为什么<br>• 与历史同期相比，目标达成的节奏上、增长率上、质量上做得如何？与同行平均、标杆相比如何？与自己的最好表现相比如何<br>• 企业内部的业务流程是否顺畅？整体运转效率如何？人才梯队建设如何？机制流程的成效如何<br>等等 |

在"四看"之中，看客户是最为关键的。然而很多管理者在制定团队目标时，往往容易陷入追求内部效率或短期利益的误区，而忽视了最本质、最关键的因素——客户需求。事实上，以客户需求为导向是确保目标能够真正推动企业发展的关键。如果目标制定时不以客户需求为导向，那么这些目标就无法起到推动企业发展的作用，反而可能阻碍企业的前进。

传统的采购部门可能更侧重于内部运营的指标，如生产满足率等。然而，这种目标导向容易使采购部门忽视客户需求和市场变化。如果将保证预测准确率作为采购部门的绩效目标之一，将有助于采购部门更准确地预测市场需求，从而确保公司能够及时、准确地为客户提供所需的产品和服务。这不仅可以提高客户的满意度和忠诚度，还可以减少库存积压和浪费，提高公司的资金周转率，增强公司的市场竞争力。

因此，在制定目标之前，管理者应该进行充分的调研，深入了解客户的需求，不仅要通过市场调研获取数据，更要深入到客户的生活和工作场景中，亲身体验并理解他们的真实需求和痛点。

## 操作指引：如何制定科学的目标

### 目标要有合理性

在实际操作中，往往是老板提出一个较高的目标，而员工有各种理由要求降低目标。老板出于企业发展的目的，希望把目标定高些；员工的出发点则是顺利达成目标之后拿到奖金，自然认为目标低一些更好。双方经常在这方面来回扯皮，形成拉锯战，内耗严重。因此，目标的制定不能随意而为、不停地讨价还价，必须要有严肃性。

还有的企业，即使上下级之间没有讨价还价的环节，但是存在一种"三拍"现象——管理者制定目标时没有经过精确测算，往往"拍脑袋"就定了；下属接到目标时没仔细看就"拍胸脯"表示保证完成目标；当目标完成有困难时，总会有人"拍屁股"走人，这样其实对企业的伤害很大。

目标必须具备严肃性，这是因为它会对企业的未来发展产生非常大的影响。一个轻率制定的目标，很可能导致企业资源的浪费、员工士气的低落，甚至可能使企业走向错误的发展方向。因此，在制定目标时，管理者必须深思熟虑，充分考虑企业的内外部环境、资源、能力、市场趋势等多方面因素。目标一旦确定，就应当成为企业上下共同努力的对象，不得轻易更改。

目标严肃性的前提是目标要有合理性，那么怎么才算是合理的目标呢？著名心理学家阿尔伯特·班杜拉提出了"自我效能"的理论，认为个体对效能预期越高，就越倾向于做出更大努力。这句话的意思是，容易实现的目标，不足以引起人的兴趣和努力；困难程度适当的目标反而能够让人持续努力，并在目标达成后获得满足感；超出个人能力太多的目标，只会使人因为失望而失去行动的动机。例如，如果制定的目标所有下属都完不成，那么这个目标就不合理了。

因此，一个合理的目标应当具备一定的挑战性但又要有可行性，也就是跳一跳能够得着，这样才能激发团队的战斗力。如果目标制定得过于保守，很容易使团队失去兴趣而不想前进；如果目标制定得过于激进，又可能导致团队在努力过程中有挫败感。因此，管理者应按 120 分（满分为 100 分）的要求来定目标，并且这个目标有 70% ～ 80% 的把握可以完成，这样是比较合理的。这样的目标既能够激发团队的斗志，又不会让团队感到压力过大。

那怎样才能保证目标是合理的呢？科学测算与打法验证是确保目标合理性的两个手段（见图 4-6）。

图 4-6　保证目标合理性的两个手段

科学测算一般针对的是成熟业务，它要求管理者运用数据分析、市场调研等方法，对目标的可行性进行量化评估。这包括对市场需求、竞争态势、企业产能、成本收益等方面的细致分析。孙子兵法强调要先算而后战，通过科学测算，管理者可以更加准确地判断目标实现的难易程度，从而制订出更为合理的计划。

打法验证一般针对的是新兴业务，它是对实现目标的具体策略进行实践检验的过程。在目标制定前，管理者需要提前设计出一套切实可行的方案即打法，并通过小范围试点、模拟演练等方式，对方案的可行性进行验证。这一过程有助于发现方案中存在的问题和不足，以便及时进行调整和完善。打法经过验证后，团队在执行过程中就能更加得心应手，减少不必要的摸索和试错。

总之，科学测算与打法验证是确保企业目标制定合理性的重要保障。管理者应当重视目标的制定过程，确保目标能够引领团队走向更加辉煌的未来。

## 目标分解要科学

目标制定有一个重要的环节就是目标分解。从层级上来说，目标要层层分解分解到底，要么是自上而下，要么是自下而上。当目标分解到人时，每个人就找到了自己的位置，知道自己应该做什么，应该提供什么价值。从时间上来说，每个数字比较大或周期比较长的目标要分解出阶段性的小目标，例如季度目标、月度目标，甚至周目标。大目标是小目标的方向，小目标是大目标的路标。小目标不能偏离大目标，这叫不忘初心。

目标分解的工具有很多，比如OGSM法<sup>○</sup>、DOAM模型<sup>○</sup>等；有的目标管理工具本身自带分解功能，比如平衡计分卡（BSC）和目标与关键成果法（OKR）。选择哪个工具不是最重要的，只要逻辑清晰、数

---

　○　一种计划与执行的管理工具。

　○　用此模型的方法通常称为逐级承接分解法。

据准确，选择哪个工具都可以。在分解目标时，需要注意以下两点。

**一是不要"分猪肉"。**什么是"分猪肉"？例如，某个区域管理者设置了业绩达到1亿元的目标，但是担心该区域内的10个城市无法全部完成目标，于是将每个城市的目标加码到1100万元以求保险；每个城市中有10个小组，再次分解目标，又将每个小组的目标由110万元加码到120万元。这就是分猪肉，也是大部分公司典型的目标分解做法。什么是分解目标？管理者认领了1亿元的目标之后，不能简单地把1亿元分解为10个1000万元，而是要找到支撑目标达成的关键成功要素，比如要抓哪些重点客户，要做哪些服务升级，要优化哪些流程等，然后将这些关键成功要素提炼成指标。关键成功要素之间通常有加减关系、乘除关系、非数理逻辑关系（见表4-2）。

表4-2　关键成功要素逻辑关系的三种类型

| 分类 | 逻辑关系 | 定义 | 举例 |
|---|---|---|---|
| 数学题 | 加减关系 | 各要素之间有数理逻辑关系，且各要素的性质是相同的，一般都是数量 | 利润＝营业收入－直接成本－人力成本－其他费用 |
| | 乘除关系 | 各要素之间有数理逻辑关系，且各要素的性质是不相同的，比如有的是数量，有的是百分比 | 收入＝客流量×进店数×转化率×客单价 |
| 语文题 | 非数理逻辑关系 | 各要素之间没有数理逻辑关系，而且这些要素较难量化 | 面试成功率与人才画像的精准度、面试流程的科学性、面试官的专业度等有关 |

加减关系和乘除关系涉及数学题，适用于业务类目标拆解。一般先做加减法，再做乘除法，例如：公司制定了 10 亿元的目标，管理者先把它拆解到各条业务线，然后各条业务线按转化漏斗（从获客、转化、成交、留存等）倒推需要新增多少客户。非数理逻辑关系则涉及语文题，一般适用于管理类的目标，如人才梯队建设、组织氛围营造等。

**二是要区分输出型指标和输入型指标（见表 4-3）。** 输出型指标具有滞后性，不能直接做功，只有输入型指标才可以直接做功，它可以影响输出型指标。因此，我们要将输出型指标拆解为输入型指标。

表 4-3　输出型指标与输入型指标的区别

| 分类 | 定义 | 举例 | 特点 |
|---|---|---|---|
| 输出型指标 | 衡量业务结果好坏的结果性指标，不能直接做功 | 销售收入、利润、订单量 | 具有滞后性，自己不可控 |
| 输入型指标 | 可以直接做功的指标，是影响输出型指标的行为或因素 | 客户评价数量、新增客户数 | 具有引领性，自己可控 |

需要注意的是，输入型指标与输出型指标是相对而言的，如果将销售收入当作销售环节的输出型指标，它的输入型指标可能是新增客户数、客单价；新增客户数又是客户开发环节的输出型指标。我们可以简单地理解为：支撑输出型指标的关键成功要素，一般是它的输入型指标来源。

在分解目标时，管理者不要孤军奋战，而是要带着团队成员进行共创。因为团队成员比管理者更了解一线业务的情况，能找快速找到问题的根本原因，从而制定有效的策略与打法，管理者也可以借此机会与团队成员形成共识。同时，在分解目标的过程中，每位团队成员的表现管理者都能尽收眼底，他们的分析能力、业务敏感度、对目标的决心与信心等，都能得到充分有效的观察，使得管理者能更加科学地判断团队成员的能力。

## 基于目标倒排计划

不管经过怎样的精确测算，目标都不可能做到100%合理。因为目标是一种预测，没人能保证预测的绝对准确性。目标体现的是公司的一种战略安排、一种决心、一种期望，是根据公司的战略确定下来的。虽然在目标制定时应尽量减少讨价还价，但前提是实现目标的计划必须合理。

因此，我们要考虑目标的合理性（因为它代表公司的一种期望），但是目标的合理性没有标准答案，我们应该花更多的精力讨论实现目标的具体路径（也就是计划），讨论得越详细越好。

计划达不到预期是很正常的，特别是那些充满了不可预见因素的计划，目标制定不科学，时间节点安排不合理，资源配置不到位，监督控制不给力，都可能导致计划赶不上变化。

有人说，计划赶不上变化，因此做计划没用。特别是近几年，互联网思维泛滥，很多人认为世界变化得太快了，没有必要做计划。笔者觉得，会说这种话的人，都是对计划没有深刻的认识。其实不是计划没有用，而是计划没做好。

之所以有人会认为计划赶不上变化，还是因为其思维方式出了问题。过去人们往往习惯了依据"条件导向法"来做计划，即从现有的条件出发，有什么条件，就做多少，也就是说，条件决定结果：我的能力还不够，经验也不丰富，走一步算一步吧；公司的技术条件太差了，这样做不行，肯定完成不了任务，就做这么多吧。

而更好的方式是采用工程建设领域当中使用非常广泛的"目标倒推法"，这是一种逆向思维的方法，即从目标出发，反向推演，分析想要达到制定的目标，现有条件的瓶颈和制约在哪里，然后根据缺什么来想办法补什么。使用目标倒推法，就会将无穷的智慧激发出来，并很好地完成工作，甚至还可以完成那些自己认为"不可能完成"的工作。

使用目标倒推法时要把握以下几个关键点（见图 4-7）。

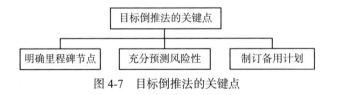

图 4-7 目标倒推法的关键点

**一是明确里程碑节点**。里程碑节点是代表目标取得阶段性胜利的一个结果性指标，它表明核心的卡点已取得突破。里程碑节点组成了目标达成的节奏，因此它要有明确的时间、责任人和验收标准。这里需要注意的是，目标分解拆的是策略与打法，这是纵向的，相互之间没有明确的时间先后顺序；里程碑节点是横向的，相互之间有明确的时间先后顺序。

**二是充分预测风险性。**在制定目标时，要充分考虑各种有可能影响目标达成的风险因素，要给自己预留空间，例如要假设协同部门有可能完不成目标，不能每个部分都满打满算，否则只要有一个环节有问题，目标就会受到影响。这就是稻盛和夫说的"乐观构思、悲观计划、乐观实行"。<sup>⊖</sup>

**三是制订备用计划。**为了确保目标的实现，管理者需要制订备用计划，即"B 计划"和"C 计划"。这些计划能够在原计划受阻时迅速启动，确保团队能够灵活应对各种挑战。

## 匹配合适的资源

从前有位财主十分贪婪，每次吩咐别人办事时都想从别人身上占些便宜。有一天，财主派一名长工去买酒，可是又不给长工买酒的钱，长工感到有些莫名其妙，便问道："老爷，没有钱怎么能买到酒呢？"财主面露怒色，道："花钱买酒谁不会呢？要是你能不用钱就买回酒，那才叫有本事呢！"财主这分明是要长工自掏腰包买酒给他喝。这名长工机智过人，他知道如何反击，于是他一言不发地拿着酒瓶出去了。时间不长，长工拿着空酒瓶回来，他走到财主

---

⊖　稻盛和夫. 干法［M］. 曹岫云，译. 北京：机械工业出版社，2015.

身边说："老爷，酒买回来了，你慢慢喝吧！"财主拿过酒瓶一看，里面空空如也，顿时大发雷霆："岂有此理，你是怎么给我办事的？酒瓶空空，叫我喝什么？当心我扣你一半的工钱！"那名长工不慌不忙、慢悠悠地说道："老爷，酒瓶里有酒谁都会喝，你要是能从空瓶里喝出酒来，那才叫有本事呢！"财主气得直翻白眼，一句话都说不出来。

从管理的角度来看，上述故事中发生的事情，就是一次绩效目标的制定与实施：财主让长工去买酒，可以看作定了一个绩效目标；财主不给长工买酒的钱，相当于不提供相应的资源支持。

长工不是神仙，没有钱他怎么能买到酒呢？有的人会说，长工可以自己或者以财主的名义去赊账，可是店家会赊给他吗？有的人则是站在财主（老板）的角度看，给长工定了目标他就要想办法完成，面对困难长工应当想办法解决。很多团队之所以难以达成目标，很大一部分原因是没有匹配合适的资源。

资源匹配并非简单的"给予所需"，而是一个复杂且需要精细考虑的过程。它要求管理者深入了解团队的实际需求，评估现有资源的充足性，并做出明智的分配决策。在这一过程中，管理者需要确保资源的分配既能够满足团队的需求，又不会造成浪费。

然而，资源有限是管理者必须面对的现实。无论企业规模大小，资源总是相对稀缺的。这就要求管理者在制定目标时，不仅要考虑目标的挑战性，更要考虑其可实现性。

在资源匹配的过程中，管理者还需要注意一些要求和限制。例如，对成熟业务来说，人员数量和人力成本的增长率不能高于目标的增长率。这一原则确保了企业在实现目标的过程中能够保持健康的财务状况。违反这一原则可能会导致企业陷入人力成本过高、利润率下降的困境。

为了实现目标与资源之间的最佳匹配，管理者需要采取一系列策略：可以通过定期与团队沟通来了解团队的需求和面对的挑战；利用数据分析工具来评估资源的利用效率和团队的绩效；通过培训和发展计划来提升团队成员的能力，使其能够更好地利用现有资源。

## 实战案例：从起号到变现的精准导航

某公司紧跟市场趋势，决定成立一支全新的新媒体团队，一方面拓展其在线上的品牌影响力，另一方面通过新媒体渠道实现更多的销量。然而，在团队组建初期，如何科学、合理地制定目标，成为摆在团队面前的一大难题。

团队成立之初，由于缺乏相关经验，团队负责人借鉴了传统业务的考核模式，设定了商品交易总额（GMV）和利润等经营性指标作为团队的主要目标。在招聘了一些专业人才，团队运作了一段时间之后，发现目标达成效果非常差。刚开始大家以为是团队成员的能力不行，或者没招对人才，于是不停地换人，但是换了几波之后发现结果还是一样。

随着工作的深入，团队发现打造一个具有影响力的新媒体账号并非一蹴而就，需要经历从内容创作到粉丝积累再到变现转化的漫长过程。特别是在起号阶段，如果直接以经营性指标作为考核标准，无疑会给初创团队造成巨大的压力，影响团队的士气和信心。

面对这一困境，分管该业务的副总裁在面试来自标杆企业的新媒体总监候选人时发现，其他公司在新媒体业务上的目标设定和管理经验方面有成功的经验可以参考。为此，团队与招聘部门共同成立了项目组，一方面通过招聘快速引进一些优秀的新媒体专业人才，另一方面快速学习标杆企业的做法。在 2～3 周之后，他们终于找到了解决对策。

第一，在目标管理上，将 KPI 考核改为 OKR 考核进行目标制定和分解。OKR 的核心思想是将公司的战略目标转化为具体、可衡量的关键成果，并通过定期回顾和评估来确保团队始终朝着既定方向前进。在新媒体业务中，团队可以将长期目标（如提升品牌影响力、增加用户黏性等）分解为短期可执行的关键任务（如制作高质量内容、提升账号曝光度等），从而确保团队成员明确自己的职责和任务。

第二，在具体实施上，团队首先将账号进行分类并分阶段管理。在起号阶段（前三个月），团队主要关注完播率、点赞数和粉丝量等基础性指标，以评估内容质量和受众接受度。这些指标不仅能够反映内容的吸引力，还能为后续的变现转化提供有力支持。在账号积累了一定的粉丝基础之后，团队再逐步引入 GMV、利润等经营性指标进行考核，以确保业务的持续发展。

　　第三，团队还采取了小团队考核和提成制的激励措施。每个小团队由主播、直播运营、编导和剪辑师等成员组成，形成一个相对独立的工作单元。团队根据每个小团队的目标完成率来发放提成，以激发团队成员的积极性，促进大家的相互协作；小团队内部按贡献度来分配奖金，例如一个短视频小团队的奖金按照编导60%、剪辑师40%分配。这些激励措施不仅能够确保每个小团队都朝着既定目标努力，还能促进团队成员之间的协作和配合（见表4-4）。

表4-4　新媒体团队考核指标及奖金分配的变化

| 时间 | 考核指标 | 奖金分配 |
| --- | --- | --- |
| 调整前 | GMV、利润 | 绩效制，根据每人的目标完成情况进行考核来获得奖金 |
| 调整后 | 起号阶段：完播率、点赞数和粉丝量<br>变现阶段：GMV、利润 | 提成制，主播、直播运营、编导与剪辑师组成小团队，团队按小团队的目标完成率来发放提成，小团队内部按贡献度来分配奖金 |

　　经过一段时间的实践和调整，团队逐渐形成了一套科学、合理的目标制定和管理体系。团队成员在明确的目标指引下，充分发挥自己的专业能力和创造力，不断推出优质内容并吸引大量粉丝关注。随着账号影响力的不断提升和业务的持续发展，团队也逐渐实现了从起号到变现。最终，团队不仅取得了良好的业绩成果，还为公司的数字化转型和品牌建设做出了积极贡献。

第五章

# 了解真相
## 让策略更科学精准

### 自我测试：你善于了解真相吗？

以下5个特征中，如果你符合3个及以上，那么表明你了解真相的水平很一般，需要认真阅读本章内容。

- 我经常听信谣言或小道消息
- 我经常凭先入为主的观念做判断
- 我经常会盲从权威人士的观点
- 我经常接受模棱两可的信息
- 我大部分时间都在办公室闭门思考

## 价值定位：真相清晰，策略才会清晰

在《长征组歌》中有一句歌词：毛主席用兵真如神。毛主席确实有很多用兵的神来之笔，如四渡赤水、第一次反"围剿"、辽沈战役等。那么，毛主席用兵如神的奥秘究竟是什么？

徐向前元帅曾说过，毛主席用兵确有过人之处，但他也是以情报作基础的。<sup>㊀</sup>情报是战争的"耳目"，只有掌握了准确的情报，才能做出正确的决策。长征中的每一次成功突围，都离不开毛主席对情报的高度重视和准确判断。通过不断的情报收集和分析，红军能够及时了解敌人的动向和部署，从而采取相应的应对措施。在万里长征途中，红军时时受到敌军重兵围追堵截，一步不慎就会落入包围圈。然而红军在敌人设置的包围圈中一次次准确地找到空隙钻出，这主要是依靠电台侦察及时掌握了准确的情报。长征期间曾任红三军团长的彭德怀说过，凭着红军指战员的英勇和出色的侦察工作，才免于全军覆没而到达陕北。<sup>㊁</sup>毛主席高度评价和赞扬了负责电讯侦察的军委二局，表示有了二局，红军就像打着灯笼走夜路。没有二局，长征是很难想象的。<sup>㊂</sup>军委二局在破译敌人密电方面干得非常出色，厥功至伟，为保存红军实力立下了汗马功劳。

这种准确的情报获取和分析能力，为红军在长征中的胜利提供了重要的保障。获取准确的情报信息，在军事中叫"知己知彼"，从管理的角度来说，就是了解真相。

土巴兔创始人王国彬在公司内部提出了"创高真"的文化，创高真是指："创造价值""高标准""了解真相"，其中"了解真相"是对干部的核心要求。

---

㊀㊁㊂　纪录片《长征谍报战》第五集《红色听风》。

什么是真相？当现象与事物的本质相同时，便为真相；当现象与事物的本质相反时，便为假象。因此，所谓了解真相，起码要了解这几方面的信息：①公司存在的问题；②问题的关键点；③这些问题过去的表现情况；④这些问题在其他企业或行业是怎么样的表现；⑤问题发生的根本原因。

求真务实是坚持马克思主义科学世界观和方法论的本质要求。求真是务实的前提，求真就是了解真相、认识事物的本质、把握客观规律，也就是说了解真相与洞察事物的本质其实是一回事。了解真相，就已经接近找到问题的根本原因，找到根本原因自然就能找到策略（见图5-1）。因此王国彬认为，真相清晰，策略才会清晰。

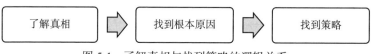

图 5-1 了解真相与找到策略的逻辑关系

因此，管理者必须要具备了解真相的基本功，而且越是高层管理者越需要，因为他们离一线市场和一线员工更远。

## 问题洞察：为什么很多管理者不了解真相

在实际工作中，很多管理者对真相并不了解。管理者不了解真相的原因主要有以下四个（见图5-2）。

图 5-2 管理者不了解真相的原因

**一是以为自己了解真相**。有些管理者可能因为自己拥有的经验和知识，对某些事情持有固定的看法，认为自己已经了解了真相。然而，这种自信可能导致他们忽视新的信息或观点，从而无法全面、客观地了解事实。此外，管理者可能还会受到自己的偏见和先入为主观念的影响，导致对真相的认知产生偏差。

**二是以为下属了解真相**。有的管理者过度依赖下属的汇报来了解情况，认为下属掌握了一线信息，因此管理者不需要亲自去了解。然而，下属可能因为个人利益、能力限制或其他原因，提供的信息并不完全准确或全面。此外，下属也可能因为害怕承担责任或受到批评，而故意隐瞒或歪曲信息。

**三是忽视了解真相的价值**。有的管理者认为了解真相并不是最紧急或最重要的事情，因此将时间和精力投入到其他看似更紧迫的任务中。然而，了解真相对于做出正确决策和避免潜在风险至关重要。忽视这一点可能会对组织造成不利影响，如决策失误、资源浪费和声誉受损等。

**四是缺乏了解真相的方法**。了解真相需要一定的方法，如运用批判性思维、进行数据分析和市场调研等。如果管理者没有掌握这些方法，就难以从复杂的信息中筛选出真实可靠的部分。此外，管理者还需要具备主动寻求真相的意愿和勇气，以便在面对困难和挑战时能够保持清醒和判断力。

# 方法提炼：了解真相的真相

## 了解真相的三重境界

了解真相的水平取决于个体的认知深度、经验积累、思维方式和精神修养，通常来说，了解真相可以分为三重境界（见图 5-3）。

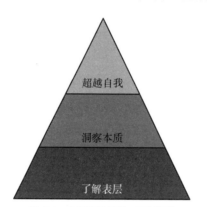

图 5-3　了解真相的三重境界

**第一重境界是了解表层**。这是了解真相的最基础层次。个体通过直接观察、听取信息或阅读资料，对某个事件或现象有一个大致的了解。这种了解往往只涵盖表面的、零散的信息和直观感受，缺乏对事件或现象背后深层规律和原理的深入探索。

**第二重境界是洞察本质**。在这个层次上，个体开始对获取的信息进行深入分析，探究事件或现象背后的原因、动机和逻辑关系。他可能会运用批判性思维，对信息进行筛选、比较和评估，以形成更全面、更准确的认知。他能够洞察到事件或现象背后的深层规律和原理，理解其本质属性和内在联系。

**第三重境界是超越自我。**在这个层次上，个体不仅能够洞察到事件或现象的本质，还能够从多个角度、多个层面来理解和解释真相，具备更高的思维灵活性和创新性。他可能会开始反思自己的认知方式和价值观念，能够理解真相是相对的、多元的，不存在绝对的、唯一的真相。他能够保持开放的心态，不断学习和探索新的知识和观念，以更好地理解和适应不断变化的世界。

需要注意的是，了解真相的境界并不是一成不变的，它随着个体的成长和认知的深化而不断提高。同时，不同的个体在了解真相的过程中可能会表现出不同的特点和行事风格。

## 调研是了解真相的法宝

企业中的一个普遍现象是：随着管理层级的提升，管理者与真实世界的距离似乎也在逐渐变远。管理大师明茨伯格曾尖锐地指出："信息可以在不失真的情况下，集中起来发送给上级。这其实是一个经常实现不了的假设。"⊖ 在层层的信息反馈中，最高领导者总是最后一个知道真相。这种信息的隔阂不仅影响决策的准确性，

---

⊖　宫玉振. 善战者说：孙子兵法与取胜法则十二讲［M］. 北京：中信出版集团股份有限公司，2020.

还可能给组织带来灾难性的后果。因此，如何深入一线，与一线保持联系，成为每个管理者必须面对和解决的问题。

管理者要想做出正确的判断，打破信息茧房，掌握真实的信息，就必须要深入一线：策略有问题，问客户；组织有问题，问员工。正如稻盛和夫在《活法》一书中提到：答案在工作现场，"工作现场有神灵"。什么叫脱离群众？就是不了解一线的真实情况。对于调研的价值，毛主席在《反对本本主义》一文中写道："没有调查，没有发言权""调查就像'十月怀胎'，解决问题就像'一朝分娩'。调查就是解决问题。"⊖ 也就是说，如果管理者在面对问题时忧愁没有办法，就去调研，只要调研做得扎实，就容易找到解决办法。

在《三国演义》中，诸葛亮能做到运筹帷幄，并不是整天坐在军营中追求灵光一现，而是在此之前做了大量的调研工作，比如火烧博望坡时，他就提前探明过所谓"豫山""安林"的地理情况。

尽管有了最先进的信息技术，沃尔玛历任 CEO 仍会花相当多的时间去走访各个门店，审视竞争情况。索尼前 CEO 出井伸之常在周末流连于东京的各个电器商店，与售货员和顾客谈论自己公司和竞争对手的产品。京东创始人刘强东曾不止一次亲自送货上门。百胜中国前主席苏敬轼要求公共事务负责人在处理餐厅层面的危机

---

⊖　毛泽东. 毛泽东选集：第一卷［M］. 2 版. 北京：人民出版社，1991.

时必须与当事餐厅的当事员工直接对话，负责人要了解所有一线真实的信息，不能只看报告就做判断。

当然，管理者的调研与专业部门进行的调研还是有所不同的，具体如表 5-1 所示。

表 5-1　专业部门与管理者调研的区别

| 角色 | 目的 | 特点 | 方法 |
| --- | --- | --- | --- |
| 专业部门或专业人士，如商业分析部门、咨询师等 | 解决特定领域或项目中的专业难题，提供科学、系统的解决方案 | 有高度的专业性和针对性 | 采用更为专业、系统的调研方法，如问卷调查、数据分析、实验验证等 |
| 管理者，如公司 CEO、中高层干部等 | 通过深入了解实际情况，为决策提供科学依据和参考 | 更注重全面性和战略性 | 更注重实地考察和现场调研，通过深入基层、召开座谈会等方式，全面了解实际情况。也会结合专业部门或专业人士的调研成果，进行综合分析和判断 |

明茨伯格曾说："只是坐在办公室里臆想战略，而不是在与实实在在的产品和顾客的接触中总结战略，是非常危险的事情。"[一] 管理者一旦发现自己已经失去了对真实世界的体感，最好的办法就是赶紧走出去，"沉"下去。否则，管理者注定离真相越来越远，带给组织的一定会是灾难。

---

[一]　宫玉振. 善战者说：孙子兵法与取胜法则十二讲［M］. 北京：中信出版集团股份有限公司，2020.

# 操作指引：突破信息茧房

## 不要只听好消息

在许多企业里常常存在一种奇怪的现象：高层管理者总以为自己是最擅长发现并解决问题的人，实际上，对于绝大多数组织里的问题，一线员工才是最清楚的，甚至他们都能脱口而出好几种可以妥善解决的办法，但是高层管理者却不知道存在问题，或者不以为然。

于是，一线员工虽然清楚问题、明白原因，但是只能眼睁睁地看着问题反复出现却束手无策，因为他们手上没有调动资源的权力。

为什么高层管理者会看不见问题呢？这是因为，信息在一层层传递中是会力量衰减或者被改变的，尤其是高层管理者处理问题时依据自己的喜好而非基于事实的时候，就会有一些"聪明"的下属对本该如实传递的信息进行阻隔或"加工"，让高层管理者看不见问题或者只能听到让其愉悦的信息。在这样的组织里，高层管理者显得云淡风轻，而想解决问题的中基层管理者愁眉苦脸，问题不断堆积。这样的高层管理者就好比说出"何不食肉糜"的晋惠帝。

那些不愿意相信与自己的认知不相符的情报的决策者，还往往会发展到这样的地步：不仅闭上自己的眼睛，还堵住别人的嘴巴；

不去解决问题，却"解决"提出问题的人。他们的共同特点是：脾气差、爱责怪人，不躬身入局、不深入一线，缺乏批判性思维。

据说，中亚古国花刺子模有个奇怪的风俗：凡是给君王带来好消息的信使，就会得到提拔；给君王带来坏消息的信使，则会被送去喂老虎。在这样的组织中，慢慢就会形成这样的机制与文化：那些看到真相的人也不再说出真相。决策者越来越听不到真实的声音，组织对真实世界的感知与反应也就会越来越迟钝。

所有屏蔽刺耳声音的组织，最终一定都会付出惨痛的代价。遗憾的是，这样的一幕在不同时代、不同类型的组织中，总在不断重现。

曾经是手机巨头的诺基亚却在手机业务上落于人后，原因究竟是什么？欧洲工商管理学院的研究者对诺基亚原高层管理者、中层管理者、工程师和外部专家共76人进行了访谈，得出的结论是：诺基亚是被"个性很强的领导者和胆小怕事、害怕说出真相的中层管理者"毁灭的。为了KPI，人们开始作假，报喜不报忧。一层一层隐瞒，一层一层过滤，直到坏消息都被屏蔽，真正的问题被掩盖，高层管理者被蒙在鼓里，陷入信息茧房，不清楚外面的世界正在发生什么，当然也就无法做出正确的决策。直到诺基亚把自己的大部分手机业务卖给微软时，CEO还很困惑而委屈地说："我们并没有做错什么。"

在第二次世界大战期间，丘吉尔专门设立了一个办公室，它的唯一职责就是向他报告坏消息，不管消息有多么糟糕，丘吉尔都想一五一十地了解真相。如果你想成为一个高效能的管理者，那么就要学会拨云见日，并且不要染上高高在上的臭毛病。

### 养成定期看数据的习惯

数据是一个组织运营状态的量化体现，因此管理者要对关键数据了如指掌。什么叫了如指掌？就是即使不看报表，关键数据也能脱口而出。

管理者需要养成定期看数据的习惯，通过定期看数据，管理者能够及时了解组织的运营状况，发现异常情况，识别潜在风险，减少主观臆断，提高决策的客观性和准确性。管理者看数据，最关键的是要把握以下 10 个关键点（见表 5-2）。

表 5-2    管理者看数据的 10 个关键点

| 序号 | 关键点 | 说明 |
|---|---|---|
| 1 | 既要看结果数据，也要看过程数据 | 结果数据提供了成功与否的直观证据，而过程数据揭示了潜在的瓶颈、机会和可优化点 |
| 2 | 既要看局部数据，也要看全局数据 | 局部数据提供了深度洞察，而全局数据有助于理解各个部分是如何相互关联和影响的 |
| 3 | 既要看内部数据，也要看外部数据 | 内部数据揭示了组织的运作情况，而外部数据为洞察市场和行业趋势提供了依据 |
| 4 | 既要看现在数据，也要看过去数据 | 现在数据反映了当前状态，而结合过去数据一起分析为预测未来和识别趋势提供了依据 |

（续）

| 序号 | 关键点 | 说明 |
|---|---|---|
| 5 | 既要看存量数据，也要看增量数据 | 存量数据提供了当前水平的概览，而增量数据揭示了增长或衰退的速度 |
| 6 | 既要看绝对值，也要看相对值 | 绝对值反映了业务的实际规模，而相对值则揭示了业务增长的速度和业务的潜力 |
| 7 | 既要看数值，也要看率值 | 数值提供了直接的数量信息，而率值揭示了相关指标的比例关系和发展趋势 |
| 8 | 关注数据的来源和口径 | 确保数据的准确性和可靠性，是做出正确决策的前提 |
| 9 | 要了解数据背后的原因 | 不要为了看数据而看数据，看数据的目的是发现问题，了解问题产生的原因，这样才能有效改进 |
| 10 | 看到有疑问的数据，要亲自去核实了解 | 数据是冷冰冰的，因此不仅要了解数据世界，也要了解物理世界。看到有疑问的数据，要确定是存在业务异常，还是数据统计有问题 |

那么，如何养成定期看数据的习惯呢？

一是确定看数据的频率。管理者可以根据组织的业务特点和数据生成速度来确定频率，如每天、每周或每月看一次等。定期看针对同一指标的数据，就会形成一种直觉，增加发现问题的敏锐性。

二是选择可靠的数据来源和工具来获取和分析数据，提高数据处理的效率和准确性。

　　三是建立有效的数据分析流程和方法，包括数据的清洗、整理、可视化、比较和解释等步骤，以便从数据中洞察出问题来。

　　四是与团队共享数据和见解。管理者不应仅仅自己掌握数据并形成见解，而应与团队成员共享。通过定期召开数据分析会议、分享报告或提供在线数据访问权限等方式，可以促进团队成员之间的沟通和协作。

　　此外，管理者需要在团队中培养一种数据文化，包括鼓励团队成员积极参与数据分析，重视基于数据的决策，为数据分析和改进提供资源和其他支持等。

## 高质量开展调研工作

　　那么怎样才能完成一次高质量的调研工作呢？笔者基于多年调研工作经验，总结了四个成功要素（见图 5-4）。

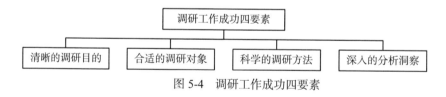

图 5-4　调研工作成功四要素

　　**一是清晰的调研目的**。在进行调研之前，我们必须清晰地界定调研的目的。这不仅仅是简单地确定我们要研究什么，更是要深入挖掘我们希望通过这次调研解决什么问题、达成什么目标，或者获取哪些具体信息。清晰的调研目的能够帮助我们设定具体的调研指标和预期结果，指导整个调研过程的进行。同时，一个清晰的调研目的还能够使调研团队保持行动方向一致，确保所有工作都围绕着这个目的展开。

**二是合适的调研对象**。调研对象的选择取决于调研目的，如果想要解决业务问题，那肯定要调研客户和竞争对手；如果想要解决组织问题，那肯定要调研内部员工；如果想要制定公司战略或年度经营计划，那就要开展全面的"四情"调研（行情、客情、敌情、我情）。调研对象的选择需要考虑以下几点。

（1）代表性。调研对象应该有能够代表总体人群的相关特征。在选择调研对象时，需要考虑到人群的组成，如性别、年龄、地域分布等，以确保调研对象能够较好地反映总体的情况。

（2）多样性。调研对象应该具有多样性，涵盖各种不同的特性。这能够使得调查结果更具有广泛的适用性和代表性。

（3）随机性。调研对象的选择应该是随机的，避免主观干预和歧视。采取随机抽样的方式可以提高调研对象的代表性和可信度，使得数据和结果更具有普遍适用性。

考虑到调研的成本、时间、人力等资源限制，需要平衡调研对象的样本量与资源的投入。一般来说，当需要进行统计比较或预测时，最小样本量应该在 10 ～ 30；当只是进行基本的描述统计分析时，最小样本量可以小于 10。对于重要的决策，需要更多、更准确的信息，或者要求的调查精度较高，即容许的误差较小，那么需要更大的样本量。当然样本量也跟调研方法相关,如采用问卷调查法时,样本量至少在 30 以上,最好超过 100。

**三是科学的调研方法。**调研方法的选择应该根据调研目的和调研对象来确定。不同的调研方法有不同的优缺点和适用范围。例如,问卷调查法可以快速收集大量数据,但可能无法深入了解受访者的真实想法;深度访谈法可以深入挖掘受访者的观点和想法,但需要投入更多的时间和精力。在选择调研方法时,还需要考虑数据的收集方式、数据的质量控制难度和数据的分析方法等因素。在调研过程中,应深入挖掘和追问细节问题,并引导受访者提供有价值的回答,以获取更加全面和深入的信息。

**四是深入的分析洞察。**在完成数据收集后,我们需要分析数据。这不仅仅是简单的数据整理和统计,更是要通过数据背后的信息和趋势来挖掘问题的本质和根本原因。我们需要关注数据的内在规律和趋势,发现数据中的异常值和关键点,并对其进行深入的分析和洞察。

在数据分析过程中,我们需要结合调研目的和对象,对数据进行合理的解释和推断,将数据分析结果与实际情况相结合,形成具有实际意义的结论和建议。同时,我们还需要注意在分析过程中保持客观性和公正性,避免带有主观偏见和情绪化的解读,确保数据分析结果的准确性和可靠性。此外,还需要对数据分析结果进行反复验证和修正,以确保其真实性和有效性。

　　除了以上四个成功要素外，还有一些其他的要素也需要注意：一是调研会耗费一定的时间，因此需要合理安排进程，确保调研的顺利进行；二是调研需要投入一定的人力、物力和财力，因此需要合理控制成本，确保调研的效益最大化；三是在进行调研时，注意保护受访者的隐私和权益。

　　总之，在进行调研时需要综合考虑多个方面的因素，确保调研的顺利进行和数据分析结果的有效性。

### 有批判性思维

　　想要找到真正的问题，我们需要运用批判性思维。所谓批判性思维，就是对所接收的信息不盲从、不轻信，持有一种怀疑和探究的态度，通过独立思考和逻辑分析去伪存真，揭示事物的本质和真相。有批判性思维的表现有以下几点（见图5-5）。

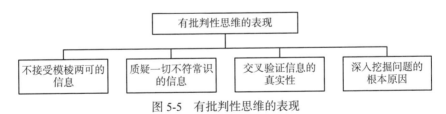

图 5-5　有批判性思维的表现

　　**一是不接受模棱两可的信息。** 一个具有批判性思维的管理者不做"差不多先生"，他会要求下属提供清晰、准确的信息，也会亲自参加调研，或者寻求外部专家的意见和建议，以便获取更加全面、客观的信息。

　　**二是质疑一切不符常识的信息。** 所谓"事出反常必有妖"，具有批判性思维的管理者对于凡是有违常识的信息都有质疑的态度，非要搞个水落石出、真相大白不可。

**三是交叉验证信息的真实性。**具有批判性思维的管理者一方面会基于常识与逻辑判断信息的真实性；另一方面会对信息进行拆解，一般要通过多个渠道和途径进行对比，确认是否有出入。

**四是深入挖掘问题的根本原因。**例如，在进行数据分析时，数据往往只是现象的一种反映，而要找到问题的根源，我们需要对数据进行深入的分析和解读。我们要思考可能会出现问题的几种原因，大胆假设，小心求证。在进行客户调研时，客户给出的往往是一些有关表面现象的陈述和似是而非的回答，没有直接表达他们的真实需求，或者他们自己也不清楚真实需求是什么。这时，我们需要对客户的言语进行深入剖析，区分哪些是真实的反馈，哪些是出于某种目的的掩饰，通过提问和引导，帮助客户挖掘自己的真实需求并表达出来。

运用批判性思维最关键的是要学会提问，通过提问挖掘问题的根本原因，洞察事物的本质。管理大师德鲁克说："管理决策中最常发生的错误是只强调找到正确的答案，而不重视提出正确的问题。"⊖ 如果问题问错了，那么答案不可能是对的。

提问要做到刨根问底，可以采用 5 why 分析法，即凡事都要问 5 个"为什么"。

---

⊖ 德鲁克. 管理的实践［M］. 齐若兰，译. 北京：机械工业出版社，2018.

　　某公司的客户投诉率突然上升，影响了公司的声誉和业务，管理者用 5 why 分析法提问。

　　第一次提问：为什么客户投诉率会上升？

　　回答：因为产品质量出现了问题。

　　第二次提问：为什么产品质量会出现问题？

　　回答：因为生产线上出现了操作失误。

　　第三次提问：为什么生产线上会出现操作失误？

　　回答：因为员工缺乏必要的培训和指导。

　　第四次提问：为什么员工会缺乏必要的培训和指导？

　　回答：因为公司没有建立完善的培训体系。

　　第五次提问：为什么公司没有建立完善的培训体系？

　　回答：因为公司长期忽视了员工培训的重要性，将培训视为成本而非投资。

　　根本原因：公司长期忽视了员工培训的重要性，导致员工缺乏必要的培训和指导，出现操作失误，从而影响了产品质量，进而引发了客户投诉率的上升。

　　解决方案：建立完善的培训体系，将培训视为对员工和产品质量的投资。通过系统的培训，提升员工的专业技能水平和工作质量，从而改善产品质量，降低客户投诉率。

　　此外，提问时不要问诱导式问题、封闭式问题，而要问开放式问题，这样才能得到更真实、更丰富的信息。一个问题可以换几种方式问，以确保得到的信息是正确的。

在提问的时候，怎么判断有没有找到根本原因呢？一个判断标准就是：如果管理者的困惑没有了，解决问题的办法涌现出来了，一般就是已找到根本原因。如果提出的问题停留在对表面现象的研究上，那么就无法找到真正有效的解决方法。

在运用批判性思维了解真相的过程中，我们还需要注意以下几点：一是要保持客观和冷静，不被表面现象所迷惑；二是要持续学习和提升自己的专业能力，以便更好地分析和解决问题；三是要注重团队协作，与一线员工、上级、同级进行沟通，共同推动问题的解决。

## 实战案例：通过调研揭秘发展瓶颈

A公司近年来业绩增长放缓，用户活跃度下降，高层管理者意识到公司可能面临发展瓶颈。为了深入了解问题的根本原因，优化经营策略，公司高层决定开展一次全面深入的调研工作。

本次调研采用了数据分析、实地考察、深度访谈、问卷调查、焦点小组讨论等多种调研方法，调研对象涵盖了公司内部的中基层管理者与一线员工，以及外部的客户、合作伙伴等。他们首先通过数据分析发现问题，其次通过实地考察和深度访谈深入挖掘问题的根本原因，再次通过问卷调查获取更大样本量的数据进行验证，最后通过焦点小组讨论获取解决方案，具体安排如表5-3所示。

表 5-3　A 公司高层管理者调研安排

| 调研方法 | 调研情况 | 目的 | 备注 |
|---|---|---|---|
| 数据分析 | 对收集到的数据进行详细的分析和挖掘，包括客户行为数据、销售数据、运营数据等 | 发现公司业务发展中的表象问题，为访谈提供信息 | 由数据分析部门负责 |
| 实地考察 | 以客户身份走访线下终端门店、参观各种展会，观察客户的购买行为和偏好，并与客户和商家交谈 | 了解客户的需求和对产品问题的真实反馈 | 公司 CEO 与 4 位副总裁，以及相关部门管理人员参与 |
| 深度访谈 | 与关键岗位员工、客户、合作伙伴共 50 多人进行面对面的深入交流 | 揭示公司存在的潜在问题和矛盾 | 公司 CEO 与 4 位副总裁参与 |
| 问卷调查 | 设计两份调查问卷，覆盖公司的战略规划、产品体验、服务质量、团队协作等多个方面，一份面向客户，另一份面向员工。共回收 1300 多份有效问卷 | 获取更大样本量的数据，为从深度访谈得到的结果做定量验证 | 分别由用户体验部门与 CEO 办公室负责 |
| 焦点小组讨论 | 按不同主题组织 5 场焦点小组讨论，邀请不同部门、不同层级的员工参加 | 深入挖掘问题的根本原因，共创解决办法 | 公司 5 位高层管理者各负责一场，公司核心管理层参与 |

在深度访谈中，高层管理者不仅听取了中基层管理者、一线员工、客户与合作伙伴的意见和建议，并且运用了 5 why 分析法，对

每个问题进行了深入的追问。表 5-4 中为深度访谈的片段。

表 5-4　A 公司副总裁（张总）与员工（周晨）的深度访谈

| 环节 | 对话内容 | 说明 |
|---|---|---|
| 暖场 | 张总：周晨，你好。你是来自市场营销部门的，对吧？<br><br>周晨：是的，张总。<br><br>张总：感谢你抽出时间参与访谈，为公司的发展献计献策！<br><br>周晨：这是我应该做的，就是不知道能不能帮上忙。<br><br>张总：希望你真实客观地描述公司面临的挑战，特别是你在一线所感受到的所有真实的问题。你的意见和建议对公司来说很宝贵。<br><br>周晨：没问题，张总，公司能重视一线员工的声音，我很感动。 | 说明访谈目的，营造访谈氛围，让访谈对象打消戒备心理 |
| 追问 | 张总：好的。最近公司的业绩增长面临一些挑战，客户活跃度有所下降。你作为公司核心岗位上的员工，对目前的情况有什么看法和感受？<br><br>周晨：最近我感觉到客户对公司产品的正面反馈不如以前那么多了，而且公司内部的工作氛围也有一些沉闷，大家的创新动力变弱。<br><br>张总：为什么会出现这种情况呢？你觉得是什么导致了客户正面反馈的减少？<br><br>周晨：我觉得可能是公司的产品更新不够快，没有及时满足客户的需求，有一些产品的页面有点乱，客户体验不是很好，比如这个地方（打开手机来操作给张总看）…… | 采用 5 why 分析法进行层层追问，过程中要适当鼓励对方 |

（续）

| 环节 | 对话内容 | 说明 |
|---|---|---|
| 追问 | 张总：好的，这是第一个可能的原因。那么，公司为什么产品更新不够快呢？<br><br>周晨：我认为这可能与公司的产品开发流程有关，现在的开发周期过长。<br><br>张总：开发流程问题可能是一个关键因素。那么，为什么公司的产品开发周期会过长呢？<br><br>周晨：我觉得是因为公司的产品和研发部门缺乏对市场的洞察与客户调研，没有充分了解客户的需求。<br><br>张总：很有意思。那么，为什么公司的产品和研发部门缺乏对市场的洞察与客户调研呢？<br><br>周晨：一是与考核方式有关，产品和研发部门的主要 KPI 里面没有客户满意度这方面的内容；二是公司内部也没有相关部门将一线客户的投诉和真实反馈声音内部公开，产品和研发部门一直对公司的产品过于自满，使得相关人员不愿贴近一线客户，而之前领先的产品功能慢慢被竞争对手赶超。 | 采用 5 why 分析法进行层层追问，过程中要适当鼓励对方 |
| 继续追问 | 张总：谢谢你的深度分析，对我很有启发。接下来，我还想针对你前面提到的工作氛围比较沉闷、创新动力变弱的问题进行更深入的探讨。你能说得更具体一些吗？<br><br>周晨：好的……<br><br>（以下内容略） | 提到的其他问题也不放过 |

经过对调研问题的深入分析和挖掘，A 公司高层逐渐揭示了这些问题的根本原因。

问题一：内部沟通协作不畅的根本原因在于公司内部缺乏有效的沟通和协作机制，产品和研发部门与市场营销部门的绩效目标之间没有关联，导致各部门在执行战略时各行其是，难以形成合力。

问题二：产品和研发部门不够贴近客户的根本原因在于公司对产品和研发部门的考核未与客户反馈相关联，产品和研发部门对市场和客户需求的研究不够深入；同时市场营销部门也没有及时反馈一线的问题，导致产品创新缺乏针对性和前瞻性。

问题三：服务流程待完善的根本原因在于公司内部管理和流程存在缺陷，导致服务响应速度慢、处理效率低等问题。

在发现问题的根本原因后，A公司高层运用批判性思维对问题进行了深入思考，并提出了以下解决办法。

一是加强内部沟通和协作。建立有效的沟通和协作机制，例如产品和研发部门与市场营销部门每周要开一次信息互通会，加强部门间的信息共享和资源整合，确保战略执行的一致性和高效性。

二是加强对客户需求的了解。产品和研发部门要深入研究市场和客户需求，并将客户反馈、产品功能的突破创新等指标也纳入产品和研发部门的绩效考核，以推动他们提高产品的竞争力和客户满意度。

三是优化内部管理和流程。针对服务质量下降的问题，A公司决定对内部管理和流程进行全面优化，提高服务响应速度和处理效率。

　　此外，A公司高层还提出了一系列具体的行动计划，包括制订详细的执行计划、明确责任人和时间节点、加强监督和考核等，以确保这些解决办法能够得到有效实施。

　　通过本次调研工作，A公司高层不仅深入了解了公司存在的问题和瓶颈，还找到了问题的根本原因和解决办法。这为公司未来的发展提供了有力的支撑和保障。同时，本次调研工作也展示了A公司高层的专业素养和批判性思维，为公司的发展注入了新的活力和动力。

第六章

# 会议组织
## 高效开展议事活动

## 自我测试：你善于组织会议吗？

以下5个特征中，如果你符合3个及以上，那么表明你的会议组织水平很一般，需要认真阅读本章内容。

- 我经常临时通知其他人召开紧急会议
- 我组织的会议经常有很多人不发言
- 我组织的会议经常难以准时结束
- 我组织的会议经常容易偏离主题
- 我组织的会议经常无法达成共识或形成结论

## 价值定位：会议是一种常用的管理工具

想把会开好，首先要搞清楚为什么要开会。管理大师彼得·德鲁克说："我们之所以要开会，只是因为各有各的工作，要靠彼此合作才能完成某一特定任务。我们之所以要开会，只是因为某一情况所需的知识和经验，不能全部装在一个人的头脑里，需要集思广益。"⊖ 开会其实是解决信息不对称的问题，如果将开会当成终极目标就很危险了，因为终极目标应该是让企业更有活力、让业务处理更有效率。

当然，不同的会议有不同的价值。亚马逊（Amazon）将会议分为以下四种类型：决策会议是为了做出决定、达成共识；创意发掘会议是为了探讨出新措施、新观点；信息传达会议是为了汇报情况、共享信息；进度管理会议是为了跟踪目标进展情况（见表 6-1）。

表 6-1　亚马逊划分的四种会议类型

| 分类 | 会议目的 | 举例 |
|---|---|---|
| 决策会议 | 做出决定、达成共识 | 项目评审会、预算审批会 |
| 创意发掘会议 | 探讨出新措施、新观点 | 头脑风暴会、共创会、务虚会 |
| 信息传达会议 | 汇报情况、共享信息 | 同频会、动员会 |
| 进度管理会议 | 跟踪目标进展情况 | 周例会、项目进度会 |

会议作为一种常用的管理工具，在组织和个人发展中都具有重要的价值，主要有以下几点（见图 6-1）。

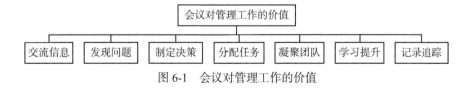

图 6-1　会议对管理工作的价值

⊖　德鲁克. 卓有成效的管理者［M］. 许是祥，译. 北京：机械工业出版社，2018.

**一是交流信息**。会议提供了一个平台，让不同部门、不同职位的人员能够面对面或远程交流信息，确保信息的准确性和时效性。通过分享各自掌握的信息和资源，团队成员可以增进对彼此的了解，促进跨部门合作。

**二是发现问题**。会议是一个暴露问题、提出疑问的场合。通过讨论和辩论，可以发现工作中存在的问题和隐患，以便及时采取措施进行解决。这种机制有助于预防问题的发生，提高工作的质量和效率。

**三是制定决策**。在会议中，针对特定议题进行讨论，集思广益，有助于更全面地分析问题、评估选项，并最终形成共识、制定决策。这种集体决策过程能够减少个人偏见，提高决策的科学性和合理性。

**四是分配任务**。会议中经常需要回顾工作进展，明确未来的目标和计划。这有助于团队成员对团队目标和个人职责有更清晰的认识，从而更加有针对性地开展工作。还可以通过会议进行任务分配和资源调配，确保项目或工作的顺利进行。

**五是凝聚团队**。定期开会有助于团队成员互相沟通、增进对彼此的了解并建立信任关系，从而增强团队的凝聚力和向心力。在会议中，大家共同面对挑战、解决问题，能够激发团队成员的归属感和责任感。

**六是学习提升**。参与会议的过程也是个人学习和成长的过程。在会议中，通过听取他人的观点和建议，可以拓宽自己的视野和思路；通过表达自己的观点和想法，可以锻炼自己的沟通能力和表达能力；通过参与决策过程，可以提升自己的判断力和决策力。

**七是记录追踪**。会议记录是会议成果的重要体现。会议记录中的讨论内容、决策结果和后续行动计划等，可以为后续工作提供有力的依据和参考。同时，会议记录还有助于追踪工作进展和评估工作效果。

总之，会议对组织和个人来说具有重要的价值，它不仅是交流信息、制定决策的平台，更是提升团队凝聚力、解决问题和提升个人能力的重要途径。

## 问题洞察：各种无聊且低效的会议

有的人认为，开会可能是所有管理工作中最费时间的一件事情。一起碰一下，聊一聊想法，对齐一下颗粒度，同步一下信息……固定时间开始的例会、突如其来的头脑风暴会等，管理者的大部分时间就这样不知不觉地花在会议上。有管理者调侃自己"不是在开会，就是在开会的路上"。以至于很多管理者白天忙于开会，晚上才有时间做本职工作，最终陷入死循环，导致管理效率低下。

这些会议到底解决了多少问题？达成了多少共识？又有多少措施及时执行落地？结果可能差强人意。很多公司的会议既冗长又低效，很多管理者根本不知道如何高效开会，绝大多数时候，开会是走过场和浪费时间。企业会议中通常有以下几类常见的问题（见表6-2）。

表 6-2 企业会议中常见的问题

| 常见问题 | 具体表现 |
|---|---|
| 会议目的不明确 | 用邮件沟通或拉群沟通就能说明的事，偏要开个会 |
| 与会者太多 | 与会者太多，有的与会者一言不发、默默处理自己的工作 |
| 会议内容不聚焦 | 讨论的内容都是细枝末节，重要议题讲得少，导致会议进程拖沓，无法准时结束 |
| 会议话题偏离方向 | 讨论的话题偏离了方向，要么得不出结论，要么讨论出的结果没有价值 |
| 会议待办事项无人跟进 | 会议待办事项没有人跟进，决议有没有落地、执行得怎么样并不清楚 |

更有甚者，不管会议的内容、主题是什么，会议总会变成老板的"一言堂"，老板一个人从头讲到尾。这样的老板作为会议决策者，往往"四不做"：不做准备、不做决策、不做分配、不做跟踪；会议中的对话，以老板训斥和管理者自辩为主，其他人或幸灾乐祸，或自叹侥幸，基本都作壁上观。这样的会议，能产生什么价值，可以想象。

商业顾问刘润认为，开会本质上是一种商业模式，和一切商业活动一样，是一个有投入、有产出的经济学游戏。开会的投入，是所有与会者的时间成本；开会的产出，是一组结论，比如说所有人的共识，或者与会者的共创。

假设要开一场 20 人、4 个小时的会议，每个与会者的时间成本是每小时 200 元。这一场会议下来，时间成本就是 16 000 元。平时报销几百元，都需要相关部门审批签字。现在只是开一场会议，16 000 元就花出去了，却很少有人衡量它的价值。

日本的一项调查显示：在公司规模达到 1 万人的企业里，每年因为无效会议而造成的损失可达 15 亿日元（约 7000 多万元）<sup>⊖</sup>。

既然会议很重要，而无效会议会导致如此大的损失，那么作为管理者就必须高度重视会议的组织与管理，把会议开好。

# 方法提炼：开会的本质是什么

## 会议组织的三重境界

依据会议组织的目的、内容和方法，以及会议组织者在其中的角色和表现，笔者将会议组织的三重境界总结如下（见图 6-2）。

图 6-2　会议组织的三重境界

---

⊖ 佐藤将之. 贝佐斯如何开会［M］. 张含笑，译. 沈阳：万卷出版公司，2021.

**第一重境界是顺利执行**。会议组织者具备基本的组织能力和协调能力，确保会议按计划进行，避免出现混乱和意外情况。会议组织者在会议前会做好充分准备，包括确定会议时间、地点、议程和与会者等；在会议场地、设备、餐饮和交通等后勤保障方面注重细节管理；提前发送会议材料，确保与会者能够提前了解会议内容和议题。

**第二重境界是高效共识**。会议组织者具备良好的沟通能力和应变能力，能够灵活处理各种突发情况，理解并整合各方意见，促进共识的高效达成。会议组织者在会议中会协调各方发言，确保每个人都能够充分表达自己的意见和建议；适时引导讨论，避免偏离主题或陷入无意义的争论，提高会议效率；准确记录会议内容，会后及时发出会议纪要，确保信息的准确传递。

**第三重境界是激发创新**。会议组织者具备战略思维和创新能力，能够引导会议讨论向更深层次和更高视角发展，达成甚至超越会议的预期目标。会议组织者通过巧妙的会议议程设计，使与会者积极参与讨论，并能碰撞出创新性的意见和建议，使会议产出成果与公司战略和目标紧密相关，并且有较多的创新策略。在会后，会议组织者通过跟踪会议决议的落实情况，确保会议成果得到有效落地；还善于总结经验教训，推动会议组织方式的持续创新和优化，不断提升会议效果。

总的来说，会议组织的三重境界涵盖了从顺利执行，到高效共识，再到激发创新，每一重境界都对会议组织者提出了更高的要求，但这些要求也是实现更佳会议效果的关键。

## 会议目的不明确不开会

那么，如何才能高效开会？笔者认为，把会开好的三个关键要素是：会议目的、会议流程、会议材料（见图6-3）。会议目的解答了为什么要开会的问题；会议流程关系到会议效率问题；会议材料关系到会议质量问题。而会议目的是最为关键的要素，因为会议流程与会议材料都是围绕会议目的来设计和准备的。

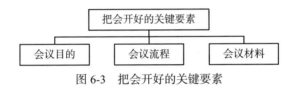

图 6-3　把会开好的关键要素

亚马逊认为创意发掘会议可以适当多开，而信息传达会议最应该谨慎考虑，能不开尽量不开。

埃隆·马斯克认为，会议过多是许多大企业的毛病，而且还有愈演愈烈的趋势。除非能确定它们会为所有与会者带来价值，否则不要组织大型会议。即便确实要开会，发言的人也要长话短说。

因此笔者认为，任何会议都应该有它的目的，如果这个目的不明确，或者会议达不到这个目的，那么这次会议就应该取消。

作为管理者，很多时候开会的目的是了解事情的进展，让内心有安全感，对事情有掌控力。控制开会的冲动必须从管理者自身做

起。作为管理者或者会议发起人，综合评估是否需要组织会议，这
也是一种能力。每次想开会时，就要问自己：这次会议的目的是什
么？不要为了自我满足而开会。省下开会的时间，或许就可以早点
完成工作，早点回家，何乐而不为呢？通常可以从以下几个问题来
评估是否需要开会（见表 6-3）。

表 6-3 评估是否需要开会的七个问题

| 序号 | 问题 | 是否要开会 |
|---|---|---|
| 1 | 这个问题我能否自己解决 | 如果能，那就不需要开会了 |
| 2 | 这个问题我能否独立决策 | 如果能，那就不需要开会了 |
| 3 | 能否用文件、邮件来取代这次信息传达会议 | 如果能，那就不需要开会了 |
| 4 | 这些问题是否可以通过例会来解决 | 如果是，那就不需要开专项会议了 |
| 5 | 这次会议是否对他人（部门）产生影响 | 如果否，那就不需要开会了 |
| 6 | 这次会议能否输出结果 | 如果不能，那就不需要开会了 |
| 7 | 这些问题是否为共性问题 | 如果否，那就不需要开会了，而应当进行一对一面谈 |

　　会议目的可以量化为会议目标。每一次开会都一定要有一个目
标，而且最好只有一个目标。怎么理解呢？比如我们是去买家处谈
合作，那第一场商务会议的会议目的就是让对方了解我们公司，并
且对我们留下深刻的印象，而了解买家的需求，是这场商务会议的
会议目标。一旦确定了会议目标，就间接确定了会议的类型、地点
与时间，就可以据此来做好准备。

# 操作指引：如何高效组织一场会议

## 准备不成功就准备失败

如果你是会议组织者，除了思考清楚会议目标之外，还要思考清楚为了达到这个会议目标，应当做哪些准备：确定会议时间、地点，设计整个会议议程，准备会议材料，确定与会者，并且至少提前 24 小时向与会者发送会议议程（见图 6-4）。

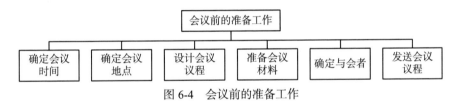

图 6-4　会议前的准备工作

在这些准备工作中，最重要的是设计会议议程与准备会议材料。如果连一份材料都没有，只是把一群人召集起来进行讨论，这样的会议叫人难以想象。就算真有这样的会议，恐怕也很难让人期待它有高效产出。如果在信息不全的状态下展开讨论，那开会就不过是把所有人聚到一起说说话，做做样子而已。

高质量的会议材料要满足以下几个条件：清楚写明会议目的；让人能在短时间内轻松读完并迅速理解；无论是谁在何时阅读，都能获取完整信息。

亚马逊规定会议材料必须以文章形式呈现，这样与会者在讨论前默读会议材料可以减少会议期间的不必要提问。文章形式的会议材料比 PPT 表述更为清晰，字里行间没有过多省略，与会者不用浪费时间去猜测字面背后的意思。限制会议材料的页数则有助于压缩阅读时间，更多的信息会以附录的形式呈现。

会议组织者还需要留意因开会而产生的通勤时间。如果因出席会议而花在交通上的时间比会议时间还要长，这次会议又没有什么特别重要的议题，那就没有必要让大家聚在一起。很多公司特别重视面对面开会，似乎只有大家坐在一起，呼吸一样的空气，才能相互理解、达成共识。其实一些日常的会议采用视频或电话形式即可。

形式并不重要，能就地解决问题才是最好的选择。在一些跨国公司中，很多会议必须采用视频形式，否则很多工作就没法顺利推进了。通常情况下，此类会议不会是马拉松式的会议。

在发送会议议程时，有的公司用 Outlook，国内公司喜欢用钉钉或企业微信。会议议程中有会议时间、地点、与会者，它具备提醒功能，方便与会者了解日程安排上是否有冲突。

## 不让无关人员出席会议

贝恩公司的一项研究表明，在一个由 7 人组成的决策小组会议中，每增加 1 人，就会让决策效率降低 10%。一般来说，会议规模越大，与会者的表现可能就越糟。

乔布斯为了缩短会议时间，提出要控制会议的规模，只让必要的人参加会议，其他任何人，不论他们的地位如何，没有必要就不用参加会议，太多的人和声音会造成适得其反的结果。

领英（LinkedIn）举办的不同级别的会议涉及不同的领导层，每个级别的会议都有不同的目的和范围。领英前 CEO 杰夫·韦纳的高层管理者团队每周开一次三小时的会议，每六周开一次一整天的会议。

位于旧金山的毕威拓（Pivotal），其员工一天需要参加的所有会议，合计用时一般为 15 分钟，很少超过 20 分钟，每天如此。高层管理者参加的会议可能会多一点，但是公司文化并不鼓励。

谷歌始终倡导任何会议不应超过 10 人参会；亚马逊则采用所谓的"两张比萨饼法则"——用两张比萨即可喂饱所有与会者。

关于与会者应该有多少，有一个"8-18-1800"的基本法则可以参考：如果会上想要解决问题或做出决策，就把与会者限制在 8 人以下；在开展头脑风暴时，最多有 18 人参会；如果开会是为了向广大员工集体告知某些事项，1800 人参加也无妨。

因此，让无关人员出席会议，不仅是浪费其本人的时间，也容易在会上引发无关的讨论，继而打乱会议节奏。作为会议组织者，管理者必须好好考虑会议究竟需要哪些人参加，才能获得有效产出。在亚马逊，会议组织者在召集与会者时，会将一定要到场的"必须出席者"和选择性到场的"自愿出席者"区别开。

例如，开会时如果项目负责人不到场，就无法得知该项目的具体情况，所以这个项目负责人就是必须出席者。如果此人由于某些原因无法到场，也必须安排一个了解情况的同事代为出席。

与之相对的是自愿出席者，他们是需要知道有会议召开，但是原则上不必参会的人。比如，如果会议组织者希望某个人出席会议，但又认为没必要强制让他的上司一同出席，那么就可以把那位上司列为自愿出席者。

如果不清楚某次会议应该由某个部门的哪位同事参加，就应该事先与该部门的负责人进行商讨。

## 做好会议过程管理

很多人讨厌会议时间过长，一个重要原因是很多时间浪费在了无效讨论上。与会者思维发散，讨论往往偏离会议的主题，导致效率的下降。这时候，需要一个"驾驶者"时刻监督会议不要偏离主航道，提高讨论质量。

领英前CEO杰夫·韦纳认为，每场会议都需要一个"驾驶者"。"驾驶者"的主要职责就是确保会议中的讨论不会离题。

任何一场会议都有它的会议目标，这个会议目标不仅仅是为大家设立一个讨论的方向，避免讨论时离题，也是为了在达成目标后让每个人都拥有成就感和荣誉感，通过集体实现目标获得团队归属感。

杰夫·韦纳认为，每个人都需要在会议开始时问自己一个很简单的问题："这场会议的会议目标是什么？"这个问题是非常有价值的，因为它可以确保所有与会者都有同样的目标，把重点放在会议的主题上，不会让会议陷入无休止的离题讨论。因此，在会议开始前花几分钟时间，让各位与会者对会议目标达成共识是很有必要的，这样可以使会议尽早进入正题，中途离题时也容易修正，避免讨论陷入混乱。

通常情况下，会议组织者负责扮演"驾驶者"的角色，他有以下三项职责（见表6-4）。

表6-4　"驾驶者"的三项职责

| 序号 | 职责 | 说明 |
| --- | --- | --- |
| 1 | 调动所有与会者 | 如果有人默不作声，不能草率地认定他已经了解情况、没有问题了，而是应该反过来向他确认是否真的没有问题<br><br>当一个人在发言的时候，其他人往往都处于"休眠"状态，这就是会议效率下降的元凶之一，要关注其他人是否在认真倾听 |
| 2 | 时间管理 | 不仅要推进讨论，还要分配好时间，要留出一点时间来总结，并且要事先安排好。要借助计时器，汇报剩余时间，提醒各位与会者有所控制 |
| 3 | 撰写会议纪要 | 只要开会就要有会议纪要，如果自己无法同时兼顾记录的工作，也可以请其他与会者代劳。但是发送会议纪要依旧是"驾驶者"的责任。切记会议纪要要在当天发送 |

会议讨论是否有效，和"驾驶者"的水平息息相关。在讨论时能否利用与会者的知识和见解，是在会议上得到最佳决策的关键。为此，"驾驶者"需要鼓励发言、活跃气氛，以推进议题的讨论。

如果讨论陷入僵局，与会者的思路都绕不出死胡同，那"驾驶者"就必须适当带动节奏。此时可以进行引导性提问，比如"不如就此展开讲一讲"，或"为什么你觉得应该这样做呢"，帮助大家分析原因，开阔视野，厘清思路。有时讨论虽然很热烈，但兜兜转转没有什么实质上的进展，为了避免浪费时间，"驾驶者"也可以将后面的议题调整到前面来讨论。总之，要灵活变通，尝试用各种方法使讨论更有成效。

亚马逊用转述、搁置区、抽离这三种工具来管理会议的讨论环节（见表 6-5）。

此外，作为会议的"驾驶者"，会议组织者自己心中要有答案。很多时候，会议会陷入僵局，这时就需要有人去引导，如果不做引导，最后是无法收获结论的。甚至在有些极端的情况下，可能所有人都没有结论和决策，这时会议组织者要敢于做出一个决策，有决策比没有决策好，哪怕是错误的，后续也可以调整。会议一定要形成共识，没有共识，动作会变形，执行会打折。

表6-5　亚马逊的三种会议工具

| 工具名称 | 具体做法 | 价值 |
|---|---|---|
| 转述 | 转述可以是对没有表述清楚的部分进行补充，也可以是换一种说法让别人更好理解 | 有助于让发言不多的与会者参与到讨论中，更好地发表观点 |
| 搁置区 | 可以在白板的角落里划出一块搁置区，这个区域就像一个临时停车场。如果会上出现了一些偏离主题的发言，"驾驶者"就可以说："虽然这个议题也很重要，但似乎与当下讨论的议题不完全契合，我们先把它放在搁置区，留到下次再做讨论。"当然，等到原定的议题都讨论完了，时间尚宽裕的话，也可以接着讨论搁置区中的议题 | 一是可以防止在离题的议题上深入下去，导致没有时间讨论正题；二是将有些可能影响后面的议题做记录，另找时间再行讨论；三是不会让发言离题的与会者感到难堪，尊重每一个发言者 |
| 抽离 | 英文中有一种说法：离开舞池，到露台上透透气。拥有抽离视角很简单，只需要试着从座位上站起来就可以。在亚马逊的会议上，你经常会发现与会者站了起来。物理位置的改变可以影响思维角度，让你发现不一样的景色，从而可能激发出不一样的观点 | 为了能按照会议目标引导与会者讨论出结果，应当时刻保持冷静和客观。保持冷静的一个方法就是换个视角，抽离出来看一看 |

## 不能忽视会议待办事项的跟进

德鲁克认为，良好的跟进与会议本身同样重要。[一]许多企业在

---

〇　德鲁克. 卓有成效的管理者：55周年新译本［M］. 辛弘，译. 北京：机械工业出版社，2022.

会议结束后却常常忽略了跟进工作的重要性。会议结束后，与会者回到各自的工作岗位，忙于处理日常任务，而会议中形成的决议和待办事项则逐渐被搁置，导致会议决策未能有效落地，从而产生负面影响，包括执行不力、协作不畅和资源浪费。

因此，构建有效的会议闭环管理机制至关重要，应指定专人负责跟进会议待办事项，需要注意以下几点（见图6-5）。

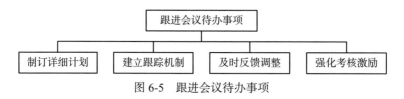

图6-5　跟进会议待办事项

**一是制订详细计划**。在会议结束后，应尽快制订详细的执行计划，包括具体的执行步骤、时间表和资源需求等。这有助于确保决策能够按计划有序推进。

**二是建立跟踪机制**。企业应建立有效的跟踪机制，定期检查和监督会议决策和待办事项的执行情况，具体可以通过定期的进度报告、会议或电子邮件等方式实现。这有助于确保信息的及时传递和问题的及时发现。

**三是及时反馈调整**。在执行过程中，如发现实际情况与预期不符或出现新问题，应及时反馈并进行调整。这有助于确保决策能够适应实际情况的变化，提升执行效果。

**四是强化考核激励**。企业应建立相应的考核激励机制，对会后跟进工作表现优秀的个人或团队给予表彰和奖励。这有助于提高团队成员对会后跟进工作的重视程度和投入程度。

总之，构建有效的会议闭环管理机制对于企业的运营和发展至关重要。企业应充分认识到会后跟进工作的重要性，采取切实有效的措施来解决存在的问题，确保会议决策能够得到有效执行和落地。

## 日常管理工作例行化

日常管理工作是企业运营的基石，这些任务虽然日常且重复，但如果处理不当，将严重影响企业的整体效率，因此，高明的管理者会把日常管理工作例行化。日常管理工作例行化有以下几个方面的好处。

**一是提高效率**。日常管理工作例行化让管理者和员工都清楚知道有哪些任务需要完成、何时完成、如何完成，从而减少了沟通成本和决策时间。

**二是保证质量**。日常管理工作例行化可以确保日常管理工作的一致性和准确性，避免因为个人差异导致的质量波动。

**三是培养习惯**。日常管理工作例行化有助于培养员工良好的工作习惯和职业素养，使他们更加自律，工作更加高效。

正因如此，很多日常管理问题其实可以通过例会（周例会、月度例会等）来集中解决，而专项会议只用来解决重大问题和难题。例会与专项会议的差异如表6-6所示。

表6-6　例会与专项会议的差异

| 会议类别 | 例会 | 专项会议 |
| --- | --- | --- |
| 定位 | 集中解决大部分日常管理问题 | 解决高复杂性、专业性或紧迫性的问题 |
| 内容 | ● 汇报工作进度<br>● 协调资源分配<br>● 沟通协作问题<br>● 传达公司决策 | ● 进行战略规划<br>● 做出重大决策<br>● 应对突发事件<br>● 推进专项项目 |
| 形式 | 日例会、周例会、月度例会 | 战略会、各类投资与人事决策会等 |

此外，同样是例会，日例会、周例会、月度例会的定位和特点也是不同的（见表6-7）。

表6-7　不同例会的定位与特点

| 会议类别 | 日例会 | 周例会 | 月度例会 |
| --- | --- | --- | --- |
| 定位 | 解决日常运营中的紧急问题和临时任务 | 汇报工作进度，协调资源分配，解决协作问题等 | 总结本月工作成果，分析存在的问题和制订下月工作计划 |
| 特点 | 短平快，能够快速响应和处理突发事件 | 各部门可以及时了解彼此的工作情况，形成合力，推动任务的顺利完成；关注目标达成、短期运营情况 | 对企业月度运营情况的全面回顾和展望，以便及时调整策略和计划；关注长期与战略性问题 |

很多企业对季度例会的定位与月度例会相同，有的企业可能会涉及市场趋势分析、竞争对手动态等内容。通常情况下，成熟业务

建议按季度开经营分析会（不再开月度例会），创新业务按月度开经营分析会（不再开季度例会）。

## 实战案例：以高效周例会驱动目标进展

X公司是一家快消品公司，经过10余年发展，目前员工有4000多人，营业额达40多亿元。为促进各部门的目标达成，X公司通过精心设计周例会流程，不仅提高了会议效率，还增强了员工的目标感、客户意识、竞争意识。

X公司的周例会于每周一14点准时开始，持续至18点，有时甚至延长至19点。会议由CEO助理主持，分为六个环节，每个环节都经过精心设计，旨在实现不同的管理目标。X公司的周例会议程安排如表6-8所示。

表6-8 X公司周例会议程安排

| 环节 | 时间 | 具体安排 | 目的 |
|---|---|---|---|
| 上周待办事项跟进 | 10分钟 | 相关责任人在共享表格中填写上周待办事项完成情况，并在现场对完成情况进行口头汇报 | 让会议实现闭环 |
| 业务情况分析 | 2～3小时 | 经营分析部门对整体经营情况做数据呈现与分析，共计15分钟。五大战区汇报，每人讲5分钟，回答提问5～10分钟。三大业务线汇报，每人讲5分钟，回答提问5～10分钟 | 盯进度，让所有员工注重公司目标 |

（续）

| 环节 | 时间 | 具体安排 | 目的 |
|---|---|---|---|
| 竞争情报汇报 | 30分钟 | 市场部门介绍客户投诉与处理情况（每周一次），汇报市场趋势与竞争情报（每月一次） | 让所有员工有客户意识，关注外部环境的变化 |
| 深度专题汇报 | 30分钟 | 由CEO指定主题，相关部门提前一到两周做调研分析 | 专题的深度剖析 |
| 重要事项同步 | 30分钟 | 人力资源部门同步招聘情况、人员流失率等数据（每周一次），财务部门同步经营数据（每月一次） | 让所有员工重视组织，有经营思维 |
| CEO总结 | 10分钟 | CEO对本周工作做总体部署和强调某些重要事项 | 统一思想和拉齐认知 |

首先，会议从"上周待办事项跟进"环节开始，用时10分钟。相关责任人在共享表格中填写上周待办事项的完成情况，并在现场进行口头汇报。这一环节不仅实现了会议闭环管理，也让每个与会者都清楚自己的任务进展，从而及时调整工作计划。

接下来是"业务情况分析"环节，通常持续2～3小时。先由公司的经营分析部门对整体经营情况做数据呈现与分析，大约用时15分钟，目的是让与会者看到经营情况的全貌，方便各业务线、各战区的业绩进行横向对比。随后，五大战区的负责人以及三大业务线的负责人分别进行5分钟的汇报，随后是每人5～10分钟的问答时间。这一环节旨在确保所有业务部门都紧密围绕公司目标展开工作，同时促进部门间的相互了解和协作。

在"竞争情报汇报"环节，市场部门用30分钟介绍客户投诉与处理情况，汇报外部市场趋势与竞争情报，有时候这一环节会开展讨论并形成一些改进措施。这一环节的目的是让所有员工都有客户意识和竞争意识，关注外部环境的变化，从而及时调整自己的工作策略。

"深度专题汇报"环节则针对 CEO 指定的主题，由相关部门提前一到两周进行调研分析，在周例会上用 30 分钟汇报，并围绕汇报内容展开一定的讨论。这一环节旨在对专题进行深度剖析，为 X 公司的决策提供有力支持。

"重要事项同步"环节则由人力资源部门同步招聘情况、人员流失率等数据，由财务部门同步经营数据。这一环节让所有员工都能关注到 X 公司的整体运营情况，从而更加重视组织，有经营思维。

最后，CEO 会用 10 分钟对本周工作做总体部署和强调某些重要事项。这一环节旨在统一思想和拉齐认知，确保所有员工都能明确 X 公司的战略方向和重点任务。

X 公司的周例会流程通过闭环管理、目标驱动和跨部门协作，确保了公司的高效运转和持续发展。这一模式不仅提高了会议效率，还增强了团队的客户意识和竞争意识，为 X 公司的发展奠定了坚实的基础。

第七章

# 工作复盘

### 向过去的经验学习

## 自我测试：你会做复盘吗？

以下 5 个特征中，如果你符合 3 个及以上，那么表明你的复盘水平很一般，需要认真阅读本章内容。

- 我经常重复犯同样的错误
- 在复盘中，我不回顾目标与目的
- 在复盘中，我不关注关键过程和重要的细节
- 复盘结束后，我没有收获新的认知
- 复盘结束后，我没有采取新的措施

## 价值定位：做好复盘才能翻盘

复盘来自围棋术语，指双方对弈完毕后，按原先的走法，把下完的棋再摆一遍，以检查对局中招法的优劣与得失关键。棋手在训练的时候，应该把大量的时间用在复盘上，这样可以有效地

加深对这盘棋的印象，也可以找出双方攻守的漏洞，以提高自身水平。

复盘是一种非常好的自我反思工具。联想创始人柳传志认为自己的优势在于勤于复盘。创办联想之后，他养成了复盘的习惯，并将复盘作为一种基本的工作方法，嵌入到公司的经营管理中。

在阿里巴巴，复盘是非常重要的管理抓手，小到一次团建，大到"双十一"这种跨度达一年的项目，都离不开各种复盘。阿里人究竟有多喜欢复盘工作法呢？这或许可以从马云在阿里日的集体婚礼证婚词中窥见一二："阿里巴巴员工谈恋爱时吵架是要复盘的，还要灵魂四问，要问为什么吵、吵什么、吵能解决问题吗、怎么能不吵。所以只有经常复盘，才能晋升，家里的婚姻也是要经常复盘的。"从马云的这段证婚词中，我们也能看出复盘工作法在阿里巴巴已经成为一种内在的文化。

阿里人的成长得益于复盘工作法，它给了所有阿里人定时反馈、回顾的机会。阿里人能够通过这种看似极为痛苦、实则酣畅淋漓的方式得到力量，从而不断提升自我，最终帮助组织达成使命，完成战略目标。毫不夸张地说，没有复盘工作法的帮助，阿里巴巴不会有今日的成就，也无法培养出众多精兵强将。

为什么联想、阿里巴巴如此钟情于复盘工作法？因为复盘有以下几个价值（见表7-1）。

表 7-1 复盘的价值

| 价值 | 具体描述 |
| --- | --- |
| 发现自己存在的不足 | 通过复盘，能发现工作过程中的问题，进而发现自己在能力方面的不足。只有认识到自己的不足，才会有动力去改变，因此勤复盘会让自己变得越来越优秀 |
| 看清问题背后的问题 | 所有的业务问题都是管理问题，所有的管理问题都是人的问题。通过复盘，你能从不同视角深入地看问题，从而看清问题背后的问题，发现问题的本质，找到解决问题的办法 |
| 沉淀工作方法与流程 | 如果你一直犯同样的错误，就会困在一个地方，无法前进。而复盘能把好的流程固化下来，把好的方法、机制沉淀下来，让你避免犯同样的错误 |
| 建立团队的共同认知 | 在一个团队里，很难保证所有成员的想法都一样，这样就无法形成合力。通过复盘，团队能够建立起共同认知并统一思想 |
| 发现新的知识与思路 | 好的复盘能让参与复盘的人从更高、更广、更深的角度共同看见问题，进而发现新的知识和思路，产生创新思维 |

正如任正非所言："一个企业最大的浪费就是经验的浪费。"人的成长速度往往取决于对经验的利用程度，而复盘的本质就是向过去的经验学习。美团联合创始人王慧文曾说过："一个能做出高质量复盘的组织，差不多是可以做好所有事的。"笔者认为，人和人之间，往往没有太大的智商差距，聪明的人只是更善于利用成熟的方法论，将过往经验快速转化为下次行动的基石，这样每次行动都站在更高的起点上。只有有勇气研究失败，才有可能获得成功。

# 问题洞察：为什么很多团队复盘没有效果

许多团队在复盘的实践中遇到了诸多问题，导致复盘的效果大打折扣，复盘的常见问题主要有以下几个（见图 7-1 ）。

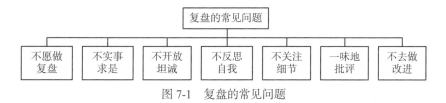

图 7-1　复盘的常见问题

**一是不愿做复盘**。复盘的目的在于直面问题，找出问题的根源，从而制定有效的改进措施。一些团队在面对业务不尽如人意的情况时，为了避免尴尬和相互指责，往往选择逃避问题，不愿做复盘。这种做法只会让问题不断积累，最终影响到企业的整体发展。

**二是不实事求是**。实事求是是复盘的根本。有些团队虽然进行了复盘，但往往只是走个过场，没有真正深入挖掘问题的根源。这些团队的成员要么只是简单地聚在一起，泛泛而谈或直接下结论，没有针对具体问题进行深入分析和讨论；要么研究的是"假问题"，得出来的也是"假结论"，既骗了自己又骗了别人。这种形式主义的复盘不仅无法产生实质性的效果，还会让团队成员对复盘产生抵触情绪。

**三是不开放坦诚**。复盘需要有开放的心态，拥抱错误。笔者认为，如果说失败是成功之母，复盘则是成功之父。有的团队在复盘时有意回避问题，讳言自己的不足，不愿意倾听他人的意见和建议，不深入剖析事情的原委以探究根本原因。不开放坦诚，不接受挫折，不去审视错误，就无法获得成功。

**四是不反思自我**。在复盘过程中，应该客观分析问题，既要看到外部因素的影响，更要深入剖析自身存在的问题和不足，这样才能解决问题和获得成长。但有的团队在复盘时，过分强调外部因素，从而逃避自身责任。将改变的愿望寄托于不受自己控制的外部因素是无法解决问题的，而无法从错误中学习将使人陷入一个死循环：不认错、不知改、一错再错。

**五是不关注细节**。在复盘过程中应该关注业务细节，从而找出问题的真正原因。有些团队在复盘过程中只注重逻辑方法，忽视了业务细节的重要性。这些团队可能认为，只要掌握了逻辑方法，就能解决所有问题。然而，真相往往隐藏在细节之中，仅仅依靠逻辑来判断因果关系是行不通的。

**六是一味地批评**。复盘的真正意义在于总结经验教训，找出问题的根源，并制定相应的改进措施。有些团队把复盘会开成批评会，导致团队成员在复盘过程中不敢发表真实意见，害怕受到批评和指责。管理者应将复盘视为一种学习和成长的机会，而不是一种惩罚和批评的手段。

**七是不去做改进**。复盘结束后，团队应该将复盘结果转化为实际行动，制定具体的改进措施和时间表，并跟踪改进措施的实施以确保效果。许多团队在复盘结束后，虽然意识到了问题的存在，但是没有采取相应的改进措施。这种做法让复盘失去了应有的价值，无法真正推动企业的成长和发展。

总之，复盘是企业成长和发展的重要工具，管理者应该注重复盘的深度和广度，明确复盘的目的和意义，关注业务细节，客观分析问题，制定有效的改进措施，并注重将复盘结果转化为实际行动。

## 方法提炼：不断提升瞄着打的能力

### 复盘的三重境界

根据复盘的深度、广度、系统性，以及结果的应用，复盘可分为以下三重境界（见图 7-2）。

图 7-2　复盘的三重境界

**第一重境界是基本回顾**。在这一境界中，管理者遵循既定的复盘框架或模板，确保所有关键步骤都得到执行，关注事件或任务的直接结果，简单回顾事件的经过。管理者的主要问题在于可能过于依赖模板，缺乏深入分析和思考，总结的经验可能偏颇，且缺乏深度和广度。

**第二重境界是深度洞察**。在这一境界中，管理者不是停留在基本的关键步骤执行和事件回顾上，而是深入分析和探讨工作的每个环节。不仅关注事件本身，还深入挖掘其背后的深层原因和动机，从而提出切实可行的改进策略，并考虑这些策略对全局的影响。想要复盘达到第二重境界，管理者要具备较强的分析能力和较高的思维高度，也需要投入更多的时间和精力。

**第三重境界是创新思考**。在这一境界中，管理者不仅能够梳理事件的所有细节和流程，还能够从更高的角度审视整个事件或任务，理解其背后的战略意图和长远影响；不仅关注当前工作的改进，更注重从中提炼出一般性的规律和模式，并不断完善个人知识体系。他们尝试将通过复盘得到的经验教训应用于其他领域或场景，探索新的工作方法和思路。要想复盘达到第三重境界需要管理者有极高的全局视野和抽象能力，只有少数佼佼者才能做到。

总的来说，复盘的每重境界对管理者提出了不同的要求和挑战，管理者应通过不断学习和实践，逐步提升自己的复盘能力，达到更高的境界。

## 复盘的 GRAI 模型

复盘的类型有多种划分方法。

如果按对象划分，可以分为业务复盘、团队复盘和自我复盘。

业务复盘是针对业务问题进行的复盘，包括日常工作复盘、重大项目复盘、关键事件复盘、重大问题（质量事故 / 异常、客户投诉）复盘、战略复盘；团队复盘是针对团队问题进行的复盘，包括组织复盘、团队搭建复盘、团队协作复盘、人岗匹配复盘等；自我复盘则是通过自我反思的方式来对自身的问题进行审视。

如果按形式划分，可以分为正式复盘和随时随地复盘。

所谓正式复盘，就是按照固定的时间周期，由固定的人针对固定的事项进行复盘。时间周期上，一般前台（业务端）按照月度来开展复盘，原因是业务变化比较快，所以要及时掌握员工的个人成长情况和市场情况；中台通常在一个项目结束之后开展复盘。

随时随地复盘就是在日常工作中，当管理者发现问题的时候可以随时进行复盘。比如在陪访之后，管理者就可以跟销售人员一起对刚刚的过程进行复盘，以便发现问题及时调整。

无论是正式复盘，还是随时随地复盘，其实都是为了对员工进行辅导并给出反馈。只不过正式复盘针对的是一段时间内的工作，剖析得会比较深。

不管是哪一种复盘，都有一个共同的框架与流程可以遵循。联想集团根据自己多年复盘的实践，总结出了复盘的四个步骤，包括：回顾目标、评估结果、分析原因、总结经验，这就是复盘的 GRAI 模型（见表 7-2）。

表 7-2　复盘的 GRAI 模型

| 步骤 | 具体描述 |
|---|---|
| 回顾目标（Goal） | 当初的目的是什么，计划达到的目标是什么 |
| 评估结果（Result） | 目标完成度有多少？哪些完成了，哪些没完成 |
| 分析原因（Analysis） | 整个过程经历了什么？产生该结果的原因有哪些？哪些是根本原因 |
| 总结经验（Insight） | 通过分析原因总结出经验教训，找到改进措施 |

复盘的关键是推演，通过推演对过去进行系统性回顾和还原，对各种可能性进行探讨。正是因为推演这个动作，将复盘与总结从本质上区别开来，从而不断提升管理者"瞄着打"的能力。

土巴兔对复盘有统一的要求：不能只罗列业绩数据，而是从目标的达成情况开始，复盘当初是怎么定的目标实际又是怎么做的，再到找到问题的根本原因，还要上升到组织层面进行反思，明确收获的经验，最后到接下来应该怎么改进，土巴兔对每一个复盘环节都给出了相应的内容（见表 7-3）。

在复盘会刚开始时，会议组织者会介绍会议的议程和目的，强调复盘的重要性和规则（主要强调成功多找客观原因，失败多找主观原因），确保与会者能够深刻理解复盘的意义和目的。然后，各部门按照规定的顺序对复盘材料做简要介绍。在提问环节，一般先问澄清式问题再问启发式问题，澄清式问题主要是确认一些关键信息，启发式问题才是最有价值的，旨在帮助部门更深入地剖析问题，找到解决方案。

**表7-3 土巴兔的复盘框架**

| 呈现方式 | 复盘环节 | 主要内容 | 备注 |
|---|---|---|---|
| 按不同KPI或OKR分别呈现 | 目标的达成情况 | 明确本阶段目标实际完成值、完成百分比，明确目标达成情况（提前、正常还是落后） | 呈现目标完成度情况 |
| | 当初是怎么定的 | 当初期望实现的目的是什么<br>当初预定的目标是什么<br>当初设想的举措有哪些<br>思考逻辑是什么 | |
| | 实际是怎么做的 | 实际执行情况怎么样？（对过去发生的事情一幕一幕进行回顾，俗称"过电影"，好的复盘一定要回到当初的场景）<br>如果完成得好，是做对了什么事情<br>如果完成得不好，是策略有问题，还是执行有问题<br>如果是策略有问题，哪些假设错了<br>如果是执行有问题，遇到了哪些难点<br>如果重来一次，会怎么想、怎么做 | 必要情况下附相关数据图表说明 |
| | 根本原因是什么 | 成功或失败的主观原因客观原因是什么<br>最根本的原因是什么 | |

（续）

| 呈现方式 | 复盘环节 | 主要内容 | 备注 |
|---|---|---|---|
| 整体呈现 | 组织问题的反思 | 组织架构与职责分工是否合理<br>人员能力能否支撑目标达成<br>是否很好地激发了员工的士气 | |
| | 明确收获的经验 | 基于以上分析，总结关键性的认知 | |
| | 接下来应该怎么改进 | 哪些应该保持？哪些应该改进？哪些项目应该停止？<br>哪些项目应该开始 | |

## 深度提问是复盘成功的关键

如何才能做出高质量的复盘呢？其中一个关键要素是有一个善于深度追问的管理者来引导，让团队成员深入思考，帮助他分析哪些动作是成功的，哪些动作是失败的。

在美团，王兴就是一个深度提问的高手。在某一次业务复盘会上，王兴发现在团购活动中，某个商家的套餐销量并未达到预期。他提出了这样的问题："为什么这次团购活动中套餐的销量没有达到预期？"下属开始分析原因，有人认为是新员工不熟悉流程，有人认为是推广力度不够。王兴追问："我们如何避免这样的问题再次发生？"下属开始思考解决方案，最终决定通过系统进行限制：当商家之前的团购套餐还有一定比例未消费完时，将禁止其上新套餐。这样的改变不仅提高了团购活动的效率，也增强了用户的消费体验。

当复盘美团的新业务拓展时，王兴提出了这样的问题："我们在拓展新业务的过程中，遇到了哪些挑战？我们如何应对这些挑战？"下属分享了新业务拓展中遇到的挑战，包括市场竞争激烈、用户需求不明确等问题。王兴追问："我们如何调整策略，才能更好地满足用户需求，提高市场竞争力？"下属开始思考如何优化产品、提高服务质量、加强市场推广等，最终成功拓展了新业务。

因此，复盘就要像王兴一样，从细节入手，深入挖掘问题的根源，并找到解决问题的方法。他不仅关注问题的表象，更关心问题的根源和解决方案。他的提问方式不仅引导团队成员深入思考，也激发了团队的创造力和执行力。这种复盘方式让美团在团购、外卖、酒旅等领域快速学习、战胜对手。

在提问的时候，要坚持有话直说的原则，直接说出自己的观点和主张，不回避、不隐瞒、不含糊。当然，也需要注意技巧，有的人会直接对别人说"你这个是不对的"，然后提出疑问，氛围也一下子就紧张起来了；有的人喜欢绕圈子，先表扬一番，然后说出自己的困惑，并一再表示纯属个人意见，仅供参考，这反而让人觉得不够真诚，效率和效果都大打折扣。

比较好的表达方式是先复述："我理解你的意思是……不知道我理解得对不对？"然后再说："我是从……视角来看的，我认为……"不必去评判孰对孰错，只需呈现不同的观点就可以了。讲的时候，注意表情不要太严肃。

集体复盘就是为了广泛吸纳有益的意见。要避免出现少数职位高、见解深的人垄断发言，其他人的想法被轻视，这样就会导致事情很难得到充分讨论，形成一言堂。因此，笔者建议在复盘的时候，职级低的人先表达观点，职级高的人后发言。

# 操作指引：高质量复盘四步法

## 回顾目标：当初是怎么定的

在整个复盘流程中，第一步"回顾目标"尤为重要。回顾目标就是回顾当初是怎么定目标的，这就叫"不忘初心"，它不仅是我们后续分析的起点，更是我们评估工作成效的基准。回顾目标并不是简单地回忆一下当初说了什么、做了什么，而是要深入剖析自己或团队在事件初始阶段的心态、思考方式和决策依据。具体来说，我们可以从以下三个层面回顾目标（见图 7-3）。

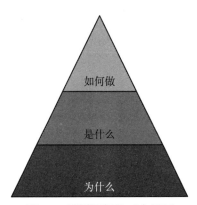

图 7-3 回顾目标的三个层面

**第一个层面是回顾"为什么"，也就是当初期望实现的目的是什么。**

我们需要回到起点，重新思考当初为何要选择这个项目、制定这个决策。我们的期望是什么？我们希望通过这个项目或决策实现什么样的价值？这个价值是否与公司的战略方向相符？是否与个人或团队的成长目标一致？

例如，一个电商公司决定将渠道下沉到三四线城市，其背后的目的可能是扩大市场份额、提高品牌知名度、增加用户数量等。这个目的需要与公司整体的战略方向一致，同时也需要考虑到团队的能力和资源是否足够支持这个目的的实现。

**第二个层面是回顾"是什么"，也就是当初预定的目标是什么。**

目的是检验工作成效的终极判断标准，事件成功的关键在于实现当初的期望。目标是对目的的量化的、具体的精确衡量，有了目标才能在后续的工作中对目的进行跟踪和评估。回顾目标不仅能够帮助我们明确工作方向和重点，还能够让我们更加清晰地认识到自己在工作中的不足和需要改进的地方。同时，回顾目标还能够增强我们的责任感和使命感，让我们更加坚定地朝着目标前进。

继续以前面提到的电商公司为例，我们可以将目标具体化为覆盖 50% 的三四线城市，提高在这些城市的销售额和市场份额等。

**第三个层面是回顾"如何做"，也就是当初设想用以实现目的和目标的举措有哪些。**

在明确了目的和目标之后，我们需要思考如何实现它们。策略是我们实现目标的行动方针，指标是我们衡量策略执行程度的标准，而任务则是我们将策略具体化为行动的具体步骤。

举措包括三个：一是确定实现目的和目标的策略，如渠道下沉到三四线城市；二是确定与策略对应的指标，也就是若想驱动目标达成，需要做到何种程度，如覆盖 50% 的三四线城市；三是将拟定的策略分解为计划完成的重点事项或采取的关键行动，并明确责任人和完成时间，如调查并估算三四线城市的市场容量。

复盘首先要分析客观事实，而不是探讨假设的可能性，因此，复盘的重点是还原实际发生了什么，以及探寻这是如何发生的。当开展比较重要的复盘（例如，年度战略复盘）时，对于举措这一部分最好能高度还原，即回到当初的时间点，复盘当时是如何思考、如何决策、如何执行的。如果不回到那个时间点，就不知道哪里错了。

## 评估结果：对比结果与目标

评估结果在整个复盘流程中占据着举足轻重的地位。评估结果，就是要明确地指出这个结果是好还是坏，是完成了目标还是没完成，是达到了预期还是没达到，要有明确的结论，不能模棱两可、含糊不清。

然而，评估结果并非易事，它面临两大问题：一是评估什么，二是能否评估。

第一，评估什么？不能停留在目标层面，务必深入举措层面。就像减肥一样，只关注体重秤上的数字是远远不够的，更重要的是评估饮食控制和运动计划是否被有效执行。同样，在业务或项目中，我们不仅要关注目标的完成情况，更要评估为实现目标所采取的策略、方法和步骤是否得当。

第二，能否评估？这涉及评估的可行性和有效性。有些结果可能难以量化或衡量，但这并不意味着它们无法评估。通过设定合理的评估指标、收集必要的数据和信息、运用恰当的评估方法，我们可以对结果进行有效的评估。同时，评估的客观性和公正性也至关重要，我们要避免主观臆断和偏见的影响，确保评估结果的真实可信。

评估结果可以按以下三个步骤进行。

第一步，将结果和目标进行对比。掌握事情的总体情况，这是判断事情是否达成的第一步，也是评估结果的关键。

无论结果是超出预期还是低于预期，对比结果和目标在复盘中都具有重要意义。尤其是当一件事情从整体上看不算成功时，如果只关注负向偏差，氛围严肃压抑，那么大家就没有信心了。因此，笔者建议先找到正向偏差，知道哪些事情做对了，让复盘的氛围稍微积极一些。因为复盘的根本目的是将事情搞清楚，而不是揪着错误不放。

第二步，深入举措层面。尤其是要评估各项策略指标的达成情况，对那些影响目标达成情况的执行因素形成初步的判断。

第三步，上升到目的层面，评估目的达成情况。可能有人会问，为什么不先从评估目的开始呢？因为相比目的，无论是目标还是举措，都更具可衡量性，评估起来更加直观和客观。同时，如果首先评估目的，容易空对空，不明确，最后可能还是要通过回顾目标寻找依据。

### 分析原因：找到问题的根本原因

在高质量的复盘流程中，分析原因是一个至关重要的步骤，目的是避免重复犯错，实现持续改进。分析原因有一个基本的原则：失败时多找主观原因，成功时多找客观原因（见表7-4）。

表7-4　复盘找主观原因和客观原因

| 场景 | 定义 | 举例 | 难易程度 | 带来的影响 |
|---|---|---|---|---|
| 主观原因 | 自己能够直接控制和改变的因素 | 我的目标没有完成，是因为我没有积极推动人力资源部门帮我招到合适的人 | 比较困难 | 有助于我们发现自己的缺点、不足和过错，从而采取相应的改进措施，能促使我们成长和进步 |
| 客观原因 | 自己较难甚至无法直接控制和改变的因素 | 我的目标没有完成，是因为人力资源部门没有帮我招到合适的人 | 比较容易 | 对解决问题来说没有帮助，而且会让问题变得不可解决 |

什么是主观原因？它是指自己能够直接控制和改变的因素，包括个人的态度、能力、策略等。什么是客观原因？它是指自己较难甚至无法直接控制和改变的因素，包括外部环境、竞争态势、不在自己管控范围内的制度流程，以及下属能力与态度等因素。

失败时多找主观原因，有助于我们发现自己的缺点、不足和过错，从而采取相应的改进措施。在分析主观原因时，我们要勇于面对自己的不足，虽然这可能会产生一定的痛苦，但正是这种痛苦能促使我们成长和进步，我们应该以开放的心态接受批评和建议。只有分析主观原因，我们才能找到有效的解决办法，因为主观原因才是我们可以控制、可以做功的。土巴兔创始人王国彬称其为"主观可控的输入"。

将问题归咎于他人非常容易，但这对解决问题来说没有帮助，而且会让问题变得不可解决。反求诸己，不是否定客观原因的存在，而是将自己改变不了的客观原因视为前提条件，一切决策和行动都是在这一前提条件下进行的。当前提条件发生重大变化时，我们需要做出相应的变化，而不是将其视为失败的根本原因。

某公司新媒体总监在复盘时，将目标完成情况不佳的原因归结为人力资源部门没有及时给他招到合适的人。上级提问："这是主观原因还是客观原因？"该总监回答："是客观原因，但是它很关键。"于是上级又提问："你的意思是，你的目标完成情况由人力资源部门来决定？"该总监顿时语塞，随后上级又提问："假设上个月并没有给你招到合适的人，但是公司的官方账号的观看量和粉丝量都有明显的增长，这是什么原因？"该总监答："因为新开设了一个官方账号。"上级又提问："那就意味着，你的目标完成情况不佳不是招人的问题，而是你没有及时新开设官方账号，是吧？"该总监说是。上级说："所以你目标完成情况不佳不是招人的问题，而是策略的问题。"该总监这才恍然大悟，才明白真正的问题出在哪里。

原因分析最终还是要找到问题的根本原因。根本原因通常有以下几个特征（见图 7-4）。

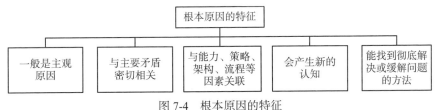

图 7-4　根本原因的特征

第一，根本原因一般是主观原因。

第二，根本原因与主要矛盾是密切相关的。

第三，针对个体，根本原因一般会与能力、动力、价值观、策略等因素关联；针对组织，根本原因一般会与架构、机制、流程、文化等因素关联。

第四，基于根本原因会产生新的认知。

第五，基于根本原因能找到彻底解决或缓解问题的方法。

总的来说，为了在复盘中找到根本原因，避免总是将失败归结到客观原因，有以下几点需要注意。

一是在复盘过程中，要多讲客观真实的数据，少谈主观的感受。

二是以达成目标和解决问题为导向，不要为了找原因而找原因，可以通过是否找到了有效的改进措施来倒推归因是否正确。

三是复盘时还要深挖影响目标达成的人与组织的因素：谁

在这次项目中表现最好，谁表现最差？大家的态度怎么样？现有的架构、机制、流程是不是需要调整？反映了企业文化有哪些问题？

### 总结经验：形成新认知，转化新行动

什么是成功的复盘？如图 7-5 所示，成功复盘有两个标准。

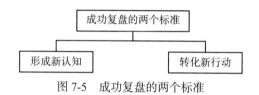

图 7-5　成功复盘的两个标准

**一是复盘结束后形成了新认知**。复盘的过程，实际上是一个深度思考的过程。它要求我们跳出事件本身，从更高的角度审视问题，发现隐藏在表面之下的规律和逻辑。复盘能够培养我们的洞察力，见别人所未见，这个过程远远比具体的经验和教训重要。因此，如果复盘前后观点没有变化、没有形成新认知，这就是一次失败的复盘。什么叫形成新认知？就是要基于复盘提炼出规律性的认识，以便指导下次的行动。

**二是复盘结束后转化为新行动**。如果复盘仅停留在认知的层面，未能转化为实际的行动，那么这样的复盘同样是失败的。复盘不仅仅是为了总结经验教训，更重要的是将这些洞察结果转化为具体的行动。也就是说，如果下次遇到类似的事情，要能应用相关的经验。

因此，在复盘结束后，要找出需要保持的地方、需要改进的地方、需要停止的错误行为以及需要开始尝试的新策略，这就是复盘的 KISS 模型（见表 7-5）。

表 7-5　复盘的 KISS 模型

| 措施 | 具体描述 |
| --- | --- |
| 保持（Keep） | 回顾项目或活动中哪些方面是成功的，哪些策略或方法取得了良好的效果，并值得在未来的工作中继续保持 |
| 改进（Improve） | 找出项目或活动中存在的问题和不足，并提出具体的改进措施 |
| 停止（Stop） | 找出项目或活动中无效或产生负面影响的做法，并决定停止错误行为 |
| 开始（Start） | 思考并确定在下一个项目或活动中应该开始采取哪些新的策略、方法、流程，以及改进措施 |

需要注意的是，在"改进"与"开始"中，都提到了改进措施，但两者的侧重点有所不同。"改进"更关注于优化现有的策略和方法，以解决当前存在的问题并实现短期的效益提升，关注的是立竿见影的效果；"开始"侧重于引入新的要素和策略，以推动长期的发展和增长，它关注的是未来可能带来的好处和机会，而不仅仅是解决当前的问题。

## 实战案例：会员增长计划的深度复盘

某健身中心为了进一步扩大市场份额，提高品牌知名度，决定实施一项会员增长计划。该计划涵盖了多种推广策略和营销活动，旨在吸引更多潜在客户加入。然而，计划实施了一段时间后，会员增长数并未达到预期目标。为了找出问题的根本原因并制定相应的改进措施，该健身中心决定采用 GRAI 模型和 KISS 模型进行深度业务复盘。

## 一、回顾目标

在复盘开始时，该健身中心首先回顾了会员增长计划的目标，即在未来三个月内吸引至少 500 名新会员加入，目的是提升品牌知名度。参与复盘的成员一致认为，目标是能支撑目的，并且符合该健身中心战略发展需要的。

## 二、评估结果

接下来，该健身中心对会员增长计划的实际结果进行了评估。通过对比目标与实际数据，发现会员增长数远低于预期，品牌知名度的提升也有限。所以，结果评估为不达标。

## 三、分析原因

在分析原因阶段，参与复盘的成员从多个角度对该计划进行了深入探讨，并确定根本原因为：缺乏客户思维，未能从客户视角出发来选择推广渠道和设计会员体验。表 7-6 中是某健身中心店总与下属的复盘对话片段。

表 7-6　某健身中心店总与下属的复盘对话片段

| 环节 | 对话内容 | 说明 |
|---|---|---|
| 陈述问题 | 店总：看了刚才的数据分析，我想问大家，推出会员增长计划的目的是什么？<br>小王：提升品牌知名度。<br>店总：那我们实现这个目的了吗？ | 先让大家畅所欲言，把问题暴露出来 |

（续）

| 环节 | 对话内容 | 说明 |
|---|---|---|
| 陈述问题 | 小王：没有。我们的转介绍情况和新会员续费率都与预期有较大差距。<br><br>店总：为什么有差距？是策略有问题，还是执行有问题？大家都说一说。<br><br>小王：我认为是策略有问题，我们在推广渠道的选择上存在问题。我们主要依赖线下传单和广告牌等传统渠道，而忽视了线上社交媒体和合作伙伴的潜力。<br><br>小李：我也认为是策略有问题。我们的会员体验也有待提高。部分新会员反映存在健身设备老化、课程单一等问题，影响了他们的满意度和续费率。<br><br>小陈：我觉得执行也有问题。我们的销售人员可能也存在一定的问题。他们在与潜在客户沟通时缺乏足够的热情和专业知识，导致潜在客户没有转化为会员。 | 先让大家畅所欲言，把问题暴露出来 |
| 深度追问 | 店总：大家都说得很好，从刚才的讨论来看，既有策略的问题，也有执行的问题，不过主要还是策略的问题。我想问，在推广渠道的选择上，为什么线下传单等渠道的推广效果不好？<br><br>小王：现在是互联网时代，大家的注意力都集中在社交媒体上了，社交媒体带来的互动性与信任感会更强。<br><br>店总：你们有没有尝试通过其他渠道推广？效果如何？<br><br>小王：我们尝试过在社交媒体上发布广告，但效果并不明显。可能是因为我们的广告内容不够吸引人，或者目标受众定位不准确。 | 针对一些关键问题展开深层次的追问，追问的逻辑与调研相同 |

（续）

| 环节 | 对话内容 | 说明 |
|---|---|---|
| 深度追问 | 店总：那我们附近的同行都选择了哪些新的推广渠道？<br><br>小李：附近的一些健身中心在抖音上开设了账号，通过新媒体来获客，我前段时间还刷到过。<br><br>店总：为什么我们没有想到这些新的推广渠道？根本原因是什么？<br><br>小李：……本质上还是我们缺乏客户思维，没有从客户的视角来思考问题，只是从自己的经验出发。<br><br>店总：小李，这个对你有什么启发？接下来你有什么计划？<br><br>小李：要多开展一些客户调研，了解客户关注什么，也要多注意同行和跨行的公司选择的推广渠道，只有这样才能找到合适的推广策略。<br><br>店总：那你现在有没有信心达成这个目标？<br><br>小李：比之前信心要更充足了。只是……<br><br>店总：只是什么？<br><br>小王：我们缺乏新媒体方面的专业人才，不擅长短视频营销。如果要做的话，还需要引进这方面的专业人才，主要是编导、拍摄人员、剪辑师。如果光靠自己摸索的话，要浪费很多时间。<br><br>店总：这个不是问题，你做一个方案给我看看，我们可以招聘专业人士，也要尽量把现有的人员利用好。<br><br>小王：好的。<br><br>店总：如果重来一次，你会怎么做？<br><br>小王：……<br><br>（以下内容略） | 针对一些关键问题展开深层次的追问，追问的逻辑与调研相同 |

（续）

| 环节 | 对话内容 | 说明 |
|---|---|---|
| 深度追问 | 店总：对于会员体验的问题，你们有没有具体的改进措施？<br>小李：我们计划更新部分健身设备，并引入更多元化的课程，以满足不同客户的需求。<br>店总：具体是引进哪些课程呢？<br>小李：……<br>（以下内容略） | 继续追问其他问题 |

#### 四、总结经验

经过深入分析和讨论，该健身中心总结出以下经验（即收获的新认知）。

一是在推广渠道方面，要多元化、精准化，充分利用线上社交媒体和合作伙伴的潜力。

二是在会员体验方面，要不断更新健身设备，提供更多的课程选择，提高会员的满意度和续费率。

三是在销售人员方面，要加强他们的专业水平和沟通能力，提高客户满意度和转化率。

在GRAI模型的基础上，该健身中心进一步采用KISS模型对会员增长计划进行了总结和反思，得到了改进计划（见表7-7）。

总的来说，通过采用GRAI模型和KISS模型进行深度业务复盘，该健身中心成功找出了会员增长计划中存在的问题和不足，并提出了相应的改进措施和改进计划。这不仅有助于提升会员增长数和品牌知名度，也为该健身中心未来的业务发展提供了有益的经验和借鉴。

表 7-7　某健身中心基于 KISS 模型的改进计划

| 措施 | 具体内容 | 备注 |
|---|---|---|
| 保持 | 在推广过程中积极收集客户反馈，及时调整营销策略。建立一套较为完善的客户服务体系，为会员提供了良好的体验 | |
| 改进 | 更新健身设备和引入更多元化的课程，提高会员的满意度和续费率<br>加强销售人员的培训和管理，提高他们的专业水平和沟通能力<br>优化销售人员的绩效考核，更加关注客户满意度指标 | 在原有基础上优化 |
| 停止 | 停止户外广告牌等传统的推广渠道投放<br>停止对销售人员进行简单的业绩目标考核 | |
| 开始 | 成立新媒体部，在抖音与小红书开设账号，提高品牌知名度和曝光度 | 全新的计划 |

下 篇

# 管理团队

第八章

# 人才识别

### 找到最为适合的人

## 自我测试：你的识人水平如何？

以下 5 个特征中，如果你符合 3 个及以上，那么表明你的识人水平很一般，需要认真阅读本章内容。

- 我对自己负责招聘的岗位的人才画像描绘不清
- 面试之后我不能清晰地讲出候选人的特征和成功案例
- 我招聘进来的人工作表现与面试时有较大落差
- 我经常根据表面特征、第一印象、偏见或小道消息来评价人
- 我在评价人时过于关注缺点或忽略风险

## 价值定位：知人才能善任

我们常常说管理者要知人善任，其实"知人"与"善任"是两件事情，"知人"侧重科学性，"善任"侧重艺术性，"知人"是"善任"的前提。因为只有充分了解人的特征，才能把他放到合适的位

置上，才能做到量才适用、用人所长。

宁高宁指出：好的经理人 70% 是选的，30% 是培养的。这是因为如果人没有选对，就会使工作变得很吃力，不仅分散上司的精力，增加培训的负担，导致企业的离职率较高，甚至会给企业带来经营管理上的风险和损失。所以笔者常说：人选到位，事半功倍；人没选对，精力白费。

老子说"知人者智"，曾国藩说"宁可不识字，不可不识人"，可见识人是一门大智慧。碧桂园创始人杨国强曾对当时的人力资源负责人彭志斌说："你能不能帮我搞一个盒子，把一个人装进去，然后按钮一按，出来就可以知道这人行还是不行，是 60 分还是 70 分？"这反映出企业家在识人方面的需求何其迫切。

识人是一个千古难题。我们常说人心难测，人是这个世界上最复杂、最难捉摸透的动物。我们常说的"画虎画皮难画骨，知人知面不知心"一语道破了识人之难。一个人，我们就是用尽了一生的时间，也未必能真正认识他、了解他，人心毕竟还隔着肚皮。杰克·韦尔奇在《赢》一书中曾写道：当我是一名年轻的经理时，我选对人的概率大约是 50%，30 年后，也仅仅提高到了大约 80%。[一]也就是说，韦尔奇用了 30 年的时间才把人才识别率从 50% 提高到 80%，可见识人用人之难。

---

[一] J 韦尔奇，S 韦尔奇. 赢：韦尔奇一生的管理智慧［M］. 余江，玉书，译. 北京：中信出版集团股份有限公司，2017.

金沙江创投董事总经理朱啸虎，入选"2019 年中国最具影响力的 30 位投资人"榜单，可以说是阅人无数。他多次公开检讨自己是如何错过字节跳动的。当时字节跳动在 B 轮融资时找到金沙江创投，朱啸虎和张一鸣聊完之后，凭直觉判断张一鸣这人太内向，没有强大的气场，最终没有投字节跳动，后来他肠子都悔青了。

即使是像乔布斯这样的企业家，同样在识人上失误。比如，他曾经错误地判断了斯科特·福斯托（Scott Forstall）的能力。福斯托曾是 iOS 软件团队的负责人，但在担任更高职位后，他的表现并未达到预期。乔布斯在一段时间内坚持信任福斯托，但最终还是不得不将他从核心团队中移除。

正因如此，管理者应当高度重视人才识别的价值，应该多花时间在人才识别上，因为它是团队管理的基础。

## 问题洞察：人才识别的五大误区

德鲁克曾说："这些任用决策（指人员聘用和晋升决策）真正成功的只有 1/3；另有 1/3 结果平平，既不算成功，也不是完全失败；剩下的 1/3 是彻底的败笔。"⊖ 许多管理者在人才识别方面，存在以下误区（见图 8-1）。

**一是光环效应。**它指的是当一个员工在某些方面表现出色时，

---

⊖ 德鲁克. 卓有成效的管理者：55 周年新译本［M］. 辛弘，译. 北京：机械工业出版社，2022.

管理者往往会对他在其他方面的能力也给予过高的评价。例如，业绩突出的"销售冠军"，工作态度好的"老黄牛"，或逻辑清晰的"聪明人"，都可能因为工作表现而被管理者认为在其他方面也同样优秀。这种误区容易导致管理者对员工的评价过于主观和片面，忽视了员工在其他方面可能存在的不足。

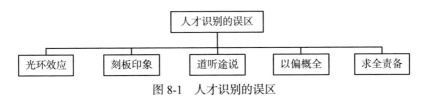

图 8-1　人才识别的误区

**二是刻板印象**。它指的是管理者对某一类人持有固定的、概括而笼统的看法，并以此来判断和评价人。例如，有些管理者可能认为年轻人缺乏经验，而年龄大的人缺乏创新。这种误区可能导致管理者对员工的评价受到其年龄、性别、学历等背景因素的干扰，从而无法准确地评估员工的能力和价值。刻板印象的产生与人的认知偏见有关——人们往往根据自己的经验和观察到的片面信息，来形成对某些群体的刻板印象，而忽视了个体之间的差异。

**三是道听途说**。它指的是管理者不了解真相，仅凭一些小道消息或主观臆断就对员工进行评价。有的管理者经常会轻信老员工的各种小报告。这种误区可能导致评价结果的失真，甚至引发员工之间的误会和矛盾。道听途说的产生与信息传播的不准确性和主观性有关——在信息传播过程中，信息可能会被误解、夸大或歪曲，从而导致管理者产生错误的判断。

**四是以偏概全。**它指的是管理者受某些早期的不良印象影响而对员工有成见，从而给出过低的评价。例如，管理者因为某员工在某次汇报时的数据出错，而给这位员工贴上"粗心"的标签。这种误区可能导致管理者对员工的能力产生片面的判断，从而限制了员工的职业发展。以偏概全的产生与人的认知局限性有关——人们往往难以全面、客观地了解他人，而容易受到过去某些印象的影响。

**五是求全责备。**它指的是管理者过于关注员工的缺点，而忽视了其优点。这种误区可能导致管理者对员工的评价过于负面，从而影响员工的积极性和自信心。求全责备的产生与人的心理机制有关——人们往往倾向于关注负面信息，而忽视正面信息。然而，在人才识别中，这种心理机制可能导致管理者对员工的评价不够客观和全面。

# 方法提炼：选对人的关键成功要素

## 人才识别的三重境界

人才识别是一件非常有挑战的事情，是一个从外在到内在、从表面到本质的递进过程，共分为三重境界（见图8-2）。

**第一重境界是观人之相。**在这一境界，管理者主要关注人才的表面特质和外在表现，即所谓的"相"。这里的"相"不是指长相或外貌，而是指人才在专业能力、语言表达、逻辑思维等方面的外在表现。通过观察这些外在表现，管理者会对人才的能力有一个初步的了解。

图 8-2　人才识别的三重境界

**第二重境界是探究内在**。达到这一境界，管理者不再仅仅关注人才的表面特质和外在表现，而是深入探索其内在因素，即"相"形成的原因及过程，包括个体行为产生的动机、情绪感受、思考逻辑等。通过对这些内在因素的考察，管理者能够更全面地了解人才的性格、价值观、态度等，从而对其能力进行更为综合和准确的判断。

**第三重境界是发掘潜力**。达到第三重境界是在前两重境界的基础上，进一步洞察人才的本质。这需要管理者预测和判断人才在未来的发展潜力和可能性，涉及对人才的性格特质、学习能力、创新能力、适应能力等多方面的考量。同时，还需要结合企业的战略目标和人才需求，来判断人才是否具备成为未来核心人才的可能性。

人才识别的三重境界之间是逐步深入、层层递进的关系。从观人之相到探究内在，再到发掘潜力，每一步都需要运用科学的方法和工具，以确保评估的准确性和有效性。

## 想清楚要什么样的人

在笔者看来，招聘面试跟谈恋爱差不多，二者有很多相通之处：谈恋爱最大的烦恼是爱我的人我不爱、我爱的人不爱我，招聘面试最大的烦恼是我要的人才不来、来的人才不是我要的。谈恋爱与招聘面试都是双向选择，需要双方情投意合才能走到一起。

招聘面试最重要的就是要梳理清晰的评价标准，即想清楚要什么样的人才、不要什么样的人才，简而言之就是要制定清晰的人才画像。只有把人才画像制定清晰了，管理者才能做到心中有数，才能用心中的这把尺去衡量候选人或者在职员工，否则没有标准就无法评价人才是否合适。

笔者设计了一个人才画像表，它包括岗位基本情况、岗位工作重点、岗位关键挑战、简历筛选标准、面试评价标准、人才来源六个维度（见表8-1）。

### 表8-1    人才画像表

| 维度 | | 内容 |
|---|---|---|
| 岗位基本情况 | | 岗位名称、职级、直属上级 |
| 岗位工作重点 | | 一般写3～4点 |
| 岗位关键挑战 | | 面临的最大的挑战，一般写3～4点 |
| 简历筛选标准 | 必备条件 | 年龄、学历、稳定性、所处行业与企业、职位与职级、所在城市 |
| | 优先条件 | 例如，此岗位对学历的要求是本科，则学历为硕士可作为加分项 |

（续）

| 维度 | | 内容 |
|---|---|---|
| 面试评价标准 | 必备条件 | 专业能力、综合能力、管理能力、价值观 |
| | 优先条件 | 例如，有的岗位不要求有团队管理能力，如果人才有团队管理能力可作为加分项 |
| 人才来源 | | 来自哪个企业（包括什么职位与职级） |

简历筛选标准针对的是冰山以上的素质；面试评价标准针对的是冰山以下的素质，一般设置 4 ～ 5 个能力指标，不宜过多。简历筛选标准和面试评价标准，又细分为必备条件和优先条件，必备条件是满足简历的基础条件要求，是必不可少的；优先条件是指在必备条件基础之上可作为加分项的情况。针对外部招聘，用人部门通常想确认人才来源，即人才来自哪个企业，之前是什么职位和什么职级。如果没有清晰的人才画像，招聘效率就比较低，也可能难以招到合适的人才。

## 关注冰山以下的素质

人才画像必须从企业自身的条件和环境出发来制定，管理者不能太过理想地幻想对象。毕竟，大部分的人都不是灰姑娘，所以不要幻想你穿得了水晶鞋。

就像网上的段子：又美又会做饭的，是美的电饭煲；又可爱又永远不会老的是樱桃小丸子；又经济独立又以你为中心的那是你的妈妈；又美又会做饭，又可爱又永远不会老，又经济独立又以你为中心的是——正用美的电饭煲做饭且想当你的妈妈的樱桃小丸子。听上去就不可能成真，我们在招聘面试中不能犯这样的错误。没有人是完美无缺的，我们要找最合适的人而不是找最优秀、最完美的人。

找错对象会很痛苦，招错人才也很麻烦，所以企业在招聘时，一定要结合实际情况来制定人才标准。

在与他人初次相识时，人们通常容易被对方的外在特征所吸引，这就是冰山以上的素质，包括知识、经验、技能等，这些外在特征相对比较容易发现。但事实证明，骑白马的不一定是王子，也可能是唐僧，外在特征并不能代表一个人的全部。

所以，我们要找到那些支撑个人产生优秀表现的核心素质，比如责任心、诚实等，在人力资源管理中，这些核心素质构成了人才的胜任力模型。人才的核心素质是指冰山以下的素质，比较难于考察，它们也不太容易因受到外界的影响而改变，但对人才的行为与表现起着关键性的作用。

这就是我们常说的"欣赏一个人，始于颜值，敬于才华，合于性格，久于善良，终于人品"。无论谈恋爱，还是招聘人才，我们应重点关注的是冰山以下的素质。

# 操作指引：几种常用的识人方法

## 让应聘者说出自己的故事

在面试过程中，为了从候选人口中获取更多更真实的信息，要尽量避免提出以下几种问题（见表8-2）。

表 8-2　五种面试问题的对比

| 类型 | 举例 | 使用场景 |
|---|---|---|
| 封闭式问题 | 你有没有女朋友？你是哪里人 | 得到的信息有限，只在追问的时候偶尔使用，不建议过多使用 |
| 引导式问题 | 当发现下属犯了错误时，你会再给他一次机会还是严厉地惩罚他 | 提问具有引导性，无法考察应聘者的真实能力，不建议使用 |
| 理论式问题 | 你通常怎样应付发怒的顾客 | 应聘者回答的往往是理论、意见或一般性的行为，无法考察其真实能力，不建议使用 |
| 情景式问题 | 当你的上级要求你做一件违反公司制度的事情时，你怎么做 | 适用于考察技能类指标，不适合考察态度类指标 |
| 行为化问题 | 请举一个你挽留欲离职的员工的事例 | 预测效度较高，理论上可以考察应聘者的大部分能力 |

**一是封闭式问题。**例如：你有没有女朋友？你是哪里人？封闭式问题得到的信息有限，只在追问的时候偶尔使用，不建议过多使用。

**二是引导式问题**。例如：当发现下属犯了错误时，你会再给他一次机会还是严厉地惩罚他？因为引导式问题包含了答案，应聘者可以根据面试官的特点投其所好，无法考察应聘者的真实能力，所以不建议使用。

**三是理论式问题**。例如：你通常怎样应付发怒的顾客？针对此种问题，应聘者回答的往往是理论、意见或一般性的行为，不涉及真实发生的事情，因此也就无法考察应聘者的真实能力，不建议使用。

**四是情景式问题**。例如：当你的上级要求你做一件违反公司制度的事情时，你会怎么做？需要注意的是，情景式问题只适用于考察技能类指标（如沟通能力、创新能力等），不适合考察态度类指标（如责任心、主动性、团队协作等）。

**五是行为化问题**。例如：请举一个你挽留欲离职的员工的事例。这是使用最广的一种面试问题，与此对应的是行为面试。传统面试的预测效度只有 0.1 ～ 0.4，而行为面试的预测效度则可以达到 0.6。

行为面试的基本假设是：一个人的行为模式是相对固定的，不会在较短时间内发生大的变化，特别是在遇到类似的情景时，人的行为反应倾向于重复过去的模式。比如，去年当工作当中遇到较大的困难和承受较大压力时，他选择逃避和放弃。那么，明年再遇到和承受程度差不多的困难和压力时，他大概率会继续选择逃避和放弃。因此，通过分析一个人过去的行为可以预测他将来的行为。

在行为面试过程中，面试官要求应聘者按 STAR 法则描述其过去某个工作或者生活中经历的具体情况，来了解应聘者各方面的素质。STAR 是背景（Situation）、任务（Task）、行动（Action）和结果（Result）对应的英文单词的首字母组合（见图 8-3）。因此，也有人把行为面试法叫作"STAR 面试法"。

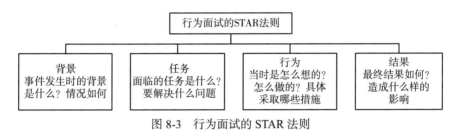

图 8-3 行为面试的 STAR 法则

假如面试一位研发工程师，候选人的简历上写了自己成功主导一个产品的研发。那么，面试官就可以这样来提问。

问背景：这个产品是在什么样的背景下进行研发的？（追问：当时的市场需求情况怎么样？产品的定位是什么？主要竞品情况怎么样？）

问任务：你在这个研发项目中承担了哪些工作任务？（追问：每项任务的具体内容是什么？）

问行为：你都采取了哪些行动？（追问：都有哪些人参与了这个研发项目？你在其中的角色是什么？你面临的困难和挑战有哪些？你采取了哪些措施来应对？）

问结果：这个研发项目最后的结果是什么？（追问：结果好是因为什么，不好又是因为什么？）

行为面试的本质就是让应聘者讲故事，所以它最根本、最简单的提问句式就是：请举一个体现你"××素质"（如责任心）的例子。如果面试官经验不足，不知道如何提问，就让应聘者"举个例子"，并且要采用5W2H分析法针对例子进行层层追问。

在追问过程中，面试官要能听出应聘者说的话背后所隐含的真实意思。比如在描述工作上的事情时，应聘者不提及自己总是说"我们""大家"，很可能他在其中的参与度与贡献度较小；如果他不断地反复讲述某一内容（生怕别人不相信），对同一问题的回答前后不一致（有逻辑漏洞），那么他撒谎的可能性就非常大；如果他对鸡毛蒜皮的小事都很快答出来且答得详细，也很有可能在撒谎，特别是较为久远的事情，一般来说很多细节不一定记得那么清楚，突然被问起都需要思考一下。

总之，在设计面试问题的过程中，要以过去的行为为主，问题的情景应当尽可能地具体，与未来的工作情景有相似性，对于核心素质的考察尤其要注意情景描述的准确性、具体性。

### 火眼金睛洞悉人心微妙

面试官想要在面试过程中做好察言观色，很重要的一点是要营造轻松自然的面试环境，让应聘者彻底放松，卸去伪装，回归其自然状态。否则，就是"雾里看花"或者"蜻蜓点水"，看不透其本质。对于一些重要的岗位，还可以选择在比较放松的场合来观察，比如在吃饭的时候。面试官察言观色的步骤如图8-4所示。

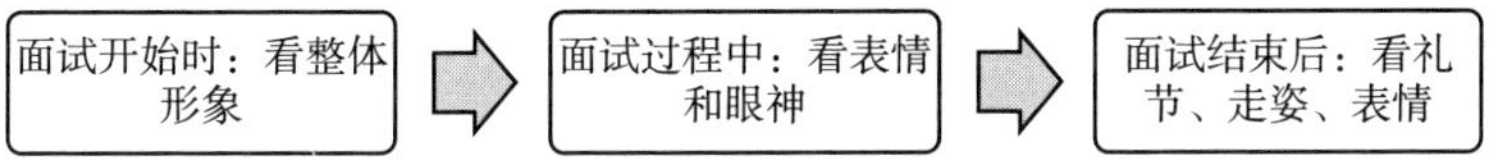

面试开始时：看整体
形象　⇨　面试过程中：看表情
和眼神　⇨　面试结束后：看礼
节、走姿、表情

图 8-4　面试官察言观色的步骤

　　见到应聘者的第一面，面试官往往是先看其整体形象，包括相貌、体型、衣着打扮等。看整体形象主要是看其是否符合职业和岗位的定位，即外表与职业是否契合。一个不修边幅的人做销售人员显得有些不太靠谱，但做研发人员则没事；一个号称年薪五十万元的销售经理背着一个旧得脱皮掉色的低档挎包，其整体形象与其薪资不符，可能存在谎报薪资的情况。

　　接下来就看其精神面貌，主要是表情和眼神。精神饱满、步伐有力、眼神发亮等说明应聘者整个人的精神面貌很好，健康、自信、积极、精力充沛且有工作激情。反之，则可能是暗淡消极之人，要慎重聘用。

　　在应聘者回答面试官的问题或陈述观点时，重点看其眼神、面部表情、手势，听其语速语调等。如果面部表情丰富、手势较多、声情并茂，讲到兴奋处两眼冒光，说明应聘者描述的工作内容大多数为真实且是其引以为豪的。反之，如果应聘者眼神迷离或不敢直视面试官，面部表情不自然，甚至手脚发抖，语调无力，或者有一些不自然的表现（比如脸红、挠头、口吃、面部抽搐、大量出汗等），说明他的工作能力一般或在说谎。同时，要注意观察应聘者的语言表达与行为举止之间是否一致，如果应聘者说"我做得很好"，但是坐不安稳或者皱眉，那么他多半也是在说谎。

此外，面试官也需要特别关注应聘者表情与语言上的一些明显变化，这表明应聘者的表述可能存在不真实的情况。一是声音突然发生变化，比如说话节奏突然变快或变慢，音调突然变高或变低，音量变大或变小，语速变快或变慢。二是表达方式突然变化，比如之前说话直接，突然变得拐弯抹角；之前措辞比较随意，突然变得很正式。

面试结束后在应聘者离开时，面试官可以通过与其握手告别，看其走路姿势和表情发现他在心态和情绪上的端倪，如应聘者主动要求握手并力度适中，说明其懂礼节并有诚意；走路脚步轻快，说明其内心愉悦，对本次面试表现自我评价良好。

## 急难险重中显英雄本色

古往今来，无论是政界还是商界，都深知"沧海横流，方显英雄本色"的道理，即在急难险重中，才能真正检验一个人的能力和品质。

中国共产党历来注重在急难险重中考察干部，这不仅是对干部能力的一种考验，更是对干部品德的一种锤炼。在革命战争年代，无数共产党员在生死考验面前，表现出坚定的信仰和无私的奉献，这种优良传统和作风延续至今。

华为认为大仗、恶仗、苦仗能出干部，因此注重在关键事件中选拔核心员工。这里的"大仗"指的是华为面临的重大挑战和机遇，"恶仗"则是指工作环境复杂和艰巨，"苦仗"则是对员工身心的考验。在华为看来，只有在这样的环境中，员工才能真正展现自己的能力和潜力，也才能成为华为的核心力量。如当公司经营出现危机，需要采取战略性对策、实施重大业务和调整员工管理政策时，如果员工表现出鲜明的立场，坚持维护公司利益，那么他就会优先得到选拔。

因此，在急难险重中观察下属的表现，成为评价和选拔人才更为有效的方式（见图8-5）。这种时候，一个人的能力、品质和潜力往往会得到充分的体现。如果下属能够表现出鲜明的立场、坚定的信念和无私奉献的精神，那么他就是一个值得信任和重用的人才。

图 8-5　日常工作中观察下属的场景

因此，在日常工作中，管理者要有意识地将一些有挑战性的任务交给下属去处理，并根据他们在完成任务的过程中所展出来的行为表现，对他们的工作能力、态度、价值观进行评价。

某集团公司新入职一位区域副总经理，他之前在业内知名度较高，此次公司虽然只是让他担任区域副总经理，实际上是为高层管理者团队做储备的。为了加强对他的考察，入职第二周销售中心副总经理与区域总经理就安排他去支持一个特别棘手的项目，内部评估该项目的成功率只有40%；同时特意将他安排在大办公室与一线员工坐在一起，并没有给他安排独立的小办公室。经过三周的项目攻坚，该区域副总经理利用自身的专业度和行业人脉资源，帮助公司成功拿下了这个项目。此外，据员工反馈，该区域副总经理并没有因为他没有独立办公室而表现出不满，正相反，他跟一线员工相处得很融洽，体现了平易近人的工作作风。因此，通过三个月的考察，在区域总经理晋升为集团销售中心总经理的同时，该区域副总经理晋升为区域总经理。

总之，通过在急难险重中委任和观察人才，能选拔出真正有能力、有担当的干部和核心员工。

## 三个臭皮匠，胜过诸葛亮

360度反馈评估（360-degree Feedback Evaluation，简称360度评估）又称多源反馈评估，就是由与评估对象有密切工作关系的人（包括其上级领导、同级、下属、客户），对评估对象进行匿名评估，同时也要自评。有调查显示，几乎所有的《财富》世界500强企业，54%以上的中国大中型企业都在使用360度评估。

360度评估最大的特点就是多角度和多维度，一定程度上保证了评估的准确性、完整性和科学性。但是360度评估易受人际关系等多方面的影响，导致其客观性受到一定影响。通常来说，360度评估得分高的有两类人：一类是与上级关系比较亲密的人，另一类是人缘较好的老好人，而一些工作业绩突出、能力出众的人可能得不到太高的分数。

如图 8-6 所示，北大方正集团 CEO 谢克海总结出 360 度评估的几个特点 <sup>⊖</sup>：①分数低的员工大多数业绩差；②分数高的未必是优秀员工；③三个臭皮匠，胜过诸葛亮，360 度评估的准确率比单纯上级评价的准确率高；④评估者与评估对象之间关系的亲疏会造成评估尺度不一，但并不影响 360 度素质曲线的形态。也就是说，360 度评估虽然不能用于识别谁最优秀，但可以用来发现有问题的人，特别是在态度、品德方面有问题的人。

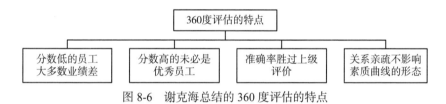

图 8-6　谢克海总结的 360 度评估的特点

此外，使用 360 度评估时，还需要注意在评估对象、评估关系等多个方面精心设计（见图 8-7）。

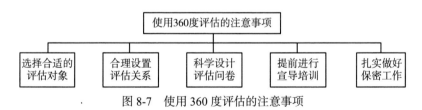

图 8-7　使用 360 度评估的注意事项

**一是选择合适的评估对象。**对于生产型和销售型的职位没有必要使用 360 度评估，这些职位由于本身具有明确的考核指标（如产量、质量、销售量等），绩效结果易于量化，不需要采用 360 度评估。有些基层职位并不存在下级或客户，多方面的评估来源难以寻

⊖　谢克海. 谁上谁下：清晰区分企业人才的"361 体系"——基于实践层面的人力资源战略管理决策［J］. 管理世界，2019，35（4）：160-170，188.

找，因此也不适合用360度评估。因此，360度评估最合适的评估对象还是企业的管理者，尤其是中高层管理者。

**二是合理设置评估关系。**评估关系决定了由谁来对评估对象进行评估，是360度评估中非常重要的部分。实际评估中，一般按照"谁熟悉，谁评估"的原则，由与评估对象有密切工作关系的人对他进行匿名评估。笔者建议可以由评估对象的直接上级来提报评估关系，人力资源部门进行审核确认。

**三是科学设计评估问卷。**一般一个评估指标需要2～3个题目来进行评估。为保障评估效率，笔者建议一套360度评估问卷不要超过10个评估指标、30道题。360度评估题目有以下几种类型，不同指标应选择不同的题目类型（见表8-3）。

表8-3　四种360度评估题目类型

| 题目类型 | 举例 | 使用场景 |
|---|---|---|
| 行为强度类 | 该管理者在人才培养方面的表现如何<br>A. 帮助下属制订职业发展规划<br>B. 对下属进行针对性辅导<br>C. 对下属工作表现进行及时反馈<br>D. 不关心下属的成长 | 题目开发难度大，答题效率低，但是选项是具体的行为描述，因此较易回答，评估的准确率较高 |
| 行为程度类 | 该同事对业务需求的响应速度如何<br>A. 非常及时<br>B. 及时<br>C. 一般<br>D. 不及时<br>E. 非常不及时 | 题目开发难度小，适用于考察程度不同的行为 |

（续）

| 题目类型 | 举例 | 使用场景 |
|---|---|---|
| 行为<br>频率类 | 该同事是否积极主动了解客户的需求<br>A.是，总是<br>B.是，经常<br>C.否，有时<br>D.否，很少<br>E.否，从不 | 题目开发难度小，适用于考察频率不同的行为 |
| 简单<br>评分类 | 您是否同意下列表述：该同事积极主动了解客户的需求<br>A.非常同意<br>B.同意<br>C.一般<br>D.不同意<br>E.非常不同意 | 题目开发难度小，适用于大多数情况，但题目选项不够具体 |

**四是提前进行宣导培训。**评估者在评估过程中，可能无法客观公正地对评估对象进行评估，抱有"做老好人、感情用事、公私不分、怕打击报复"等心态。因此在360度评估前要进行宣导培训，消除评估者的抵触情绪，建立起评估者对评估流程的信任，从而对评估持开放接受的态度；同时打消评估者的不良念头，使他们客观公正地评估评估对象。

**五是扎实做好保密工作。**评估过程中有两个保密性需要注意，一是评估关系的保密性，即谁评价评估对象，二是评估结果的保密性。评估关系和评估结果的传播都应控制在最小的范围内，一般仅有人力资源评估主管、评估对象本人和其直接上级等少部分人知道。如果评估者意识到自己的意见会被评估对象知晓，他就会心存戒备，不敢真实客观地评估。而评估对象也不愿意将自己的缺点和短处暴露在大庭广众之下，这样做可能会伤害他的自尊心。

# 实战案例：对一位项目经理的精准识别

因业务扩展需要，某公司急需招聘一位项目经理。为了找到合适的人选，公司人力资源部门经过精心策划，开展了一系列精准识人的活动。

### 一、简历分析：精准筛选候选人

面对众多的求职者简历，公司人力资源部门首先进行了简历分析，以精准筛选符合岗位要求的候选人。他们关注以下几个方面：候选人是否具备相关的学历背景和专业技能，如项目管理、计算机科学等；候选人是否具备丰富的项目管理经验，特别是互联网行业的项目经验；候选人过去项目的规模和成果及其在项目中担任的角色等。

经过仔细筛选，人力资源部门最终确定了五位候选人进入面试环节。

### 二、行为面试：挖掘行为事件

公司一共有4轮面试，每轮面试提问的侧重点有所不同，但均采用行为面试，围绕项目管理、沟通协调、团队协作以及创新思维等方面，设计了一系列行为面试问题。表8-4为面试官与候选人的面试记录片段。

表 8-4　面试官与候选人的面试记录片段

| 步骤 | 对话内容 | 备注 |
|---|---|---|
| 暖场 | （此部分略） | |
| 提问 | 面试官：请描述一个你曾经成功管理的项目，并说明你是如何确保项目按时按质完成的？<br><br>候选人：我在 2022 年负责过一款 App 的开发项目。在项目启动阶段，我制订了详细的项目计划，并与团队成员进行了充分的沟通和协调。在项目开发过程中，我密切关注项目进度，及时调整资源分配，确保项目能够按计划进行。我还定期组织团队成员进行项目评审和风险评估，确保项目质量符合预期。最终，该项目在规定时间内高质量完成，并获得了用户的高度评价。 | 让候选人举一个具体的例子 |
| 追问 | 面试官：这个项目的核心目标是什么？<br><br>候选人：该项目的核心目标是开发一款功能齐全、用户友好的 App，满足用户在线购物、支付、查看订单等需求。主要任务包括 App 的用户界面（UI）设计、后端开发、前端开发、测试以及上线推广等。这个项目对我们来说非常重要，因为它是公司进军移动电商市场的重要一步。<br><br>面试官：这个核心目标有具体、可量化的指标来衡量其实现情况吗？<br><br>候选人：主要是日活跃用户数（DAU）与次日用户留存率两个核心指标。DAU 目标为 20 万，次日用户留存率目标为 15%。 | 问背景和任务 |
| | 面试官：App 上线后，指标的实际数据是多少？ | 问结果 |

（续）

| 步骤 | 对话内容 | 备注 |
|------|---------|------|
| | 候选人：上线一个月后，DAU 为 18 万，次日用户留存率为 15%，我觉得基本达到了预期，当时也得到了领导的肯定。 | 问结果 |
| 追问 | 面试官：你们面临的主要挑战是什么？又采取了哪些措施来应对？<br><br>候选人：在项目进行过程中，我们面临的主要挑战包括技术实现复杂、市场需求快速变化以及用户体验有高要求。为了应对这些挑战，我们采取了多项措施。首先，我们加强了技术团队的建设，引入了行业内领先的技术架构和解决方案，确保项目在技术实现上的稳定性和先进性。其次，我们与市场部门保持紧密沟通，我们每周开一次项目会，通过沟通及时调整产品策略和功能设计，以满足市场需求的变化。最后，我们特别注重用户体验的持续优化，每人每周都要与 2 个以上的用户直接沟通，收集用户的反馈，并通过数据分析来不断改进产品，提升用户满意度。<br><br>面试官：在这个项目中，你们采取了哪些独特的创新做法？<br><br>候选人：我们采取了一些独特的创新做法来保证项目的成功。首先，在 UI 设计方面，我们引入了最新的设计理念和风格，打造了独具特色的 App 界面，你看我们这个界面非常舒服和用户友好，提升了用户的视觉体验。其次，在后端开发方面，我们采用了微服务架构和容器化技术，提高了系统的可扩 | 采用 5W2H 分析法追问行为和细节 |

（续）

| 步骤 | 对话内容 | 备注 |
|------|---------|------|
| 追问 | 展性和稳定性。再次，在测试阶段，我们引入了自动化测试框架和持续集成工具，大大提高了测试效率和准确性。最后，在推广阶段，我们采用了线上线下相结合的营销策略，通过社交媒体、线下广告等多种渠道吸引用户，提升了App的知名度和下载量。<br><br>　　这些创新做法不仅帮助我们在项目中克服了各种挑战，还使得我们的App在市场上获得了良好的口碑，收获最新的用户反馈。通过不断进行技术创新和市场探索，我们成功地实现了项目的核心目标和主要任务，为公司进军移动电商市场奠定了坚实的基础。<br><br>　　面试官：你们如何确保项目的质量和效果？<br>　　候选人：我们非常注重项目过程中的质量控制，遵循了敏捷开发的方法论，定期进行代码审查和测试。同时，我们也注重与客户的沟通，及时反馈项目进展，并根据客户的反馈进行调整。在项目结束前，我们进行了全面的验收测试，确保App的功能和性能都符合预期。<br><br>　　面试官：你能具体描述一下你们是如何进行代码审查和测试的吗？<br>　　候选人：我们每周都会开代码审查会议，确保代码的质量和可维护性。在测试方面，我们有专门的测试团队负责编写测试用例，对App的每个功能进行详细的测试。我们也会使用自动化测试工具来提高测试效率。 | 采用5W2H分析法追问行为和细节 |

（续）

| 步骤 | 对话内容 | 备注 |
|---|---|---|
| 追问 | 面试官：项目的主要团队成员都有哪些人？你是如何协调他们的工作的？<br><br>候选人：项目团队包括项目经理、UI 设计师、后端开发工程师、前端开发工程师和测试工程师。我作为项目经理，负责整体的项目规划和进度控制。我通过定期的项目会议、邮件和即时通信工具与团队成员保持沟通，每周开一次项目会，确保大家明确自己的任务和责任，并及时解决遇到的问题。<br><br>面试官：这个项目何时开始和结束？你是如何管理项目时间的？<br><br>候选人：项目从前年 3 月开始，到今年 11 月结束。我使用了项目管理软件来绘制甘特图，为每个阶段设定了明确的时间节点，每日跟进项目进展，每周开项目会，及时处理出现的问题。我根据项目的实际情况，及时调整时间计划，确保项目能够按时完成。<br><br>面试官：在这个项目上投入了多少预算？你是如何控制成本的？<br><br>候选人：项目预算的具体金额不方便透露，大约几百万元。我通过合理的资源分配和任务规划来控制成本，避免不必要的浪费。我也注重与供应商和合作伙伴的谈判，争取更优惠的价格。在项目过程中，我定期与财务部门沟通，确保项目成本控制在预算范围内。<br><br>（追问部分后面略） | 采用 5W2H 分析法追问行为和细节 |
| 结尾 | （以下内容略） | |

通过这些问题，面试官能够深入了解候选人的实际工作经验和能力水平。同时，候选人在回答过程中所提供的具体行为事件，也为面试官提供了评估其能力的有力依据。

### 三、试用期关键任务考察

经过面试环节的筛选，候选人 A 成功上任，进入试用期。在试用期内，公司为他安排了一些关键任务来考察其能力水平和价值观。比如，由候选人 A 主导一个中型项目的开发和管理。候选人 A 需要负责制订项目计划、协调团队成员、解决项目中的问题并确保项目按时按质完成。候选人 A 还需要与不同部门进行沟通和协作，确保项目的顺利进行。

在试用期内，候选人 A 表现出色。他不仅能够按时按质完成关键任务，还能够与团队成员乃至其他部门保持良好的沟通和协作关系。在面对突发情况时，他能够迅速做出反应并提出有效的解决方案。这些表现都充分证明了他的能力和素质符合岗位要求。

### 四、360 度评估：全面了解候选人

为了更全面地了解候选人 A 的能力和素质，公司还进行了 360 度评估。评估内容包括候选人的工作表现、团队协作能力、沟通能力、创新思维等方面。评估者包括候选人 A 的上级、同级以及下级。通过收集各方面的评价意见，公司得到了一个全面、客观的评估结果。

评估结果显示，候选人 A 在各个方面都表现出色。他不仅能够独立完成工作任务，还能够与团队成员保持良好的沟通和协作关系。他的创新思维和解决问题的能力也得到了同级和上级的高度认

可。这些评估结果进一步证明了候选人 A 的能力和素质符合岗位要求。

经过试用期的考察和评估，公司最终决定正式任用候选人 A 为项目经理。在后续的工作中，他带领团队完成了多个重要项目，并取得了显著的业绩成果。

# 第九章

# 绩效辅导

## 及时帮助下属成长

---

### 自我测试：你善于做绩效辅导吗？

以下 5 个特征中，如果你符合 3 个及以上，那么表明你的绩效辅导水平很一般，需要认真阅读本章内容。

- 我不会定期对下属进行一对一绩效辅导
- 对下属进行绩效辅导前，我不会花精力做准备
- 我对下属进行绩效辅导时，气氛比较紧张
- 对下属进行绩效辅导时，往往是我说得比较多
- 绩效辅导结束后，我和下属经常较难达成共识

---

## 价值定位：绩效辅导的目的是借事修人

德鲁克认为："管理者有别于其他员工的独特功能乃是教育的功能。企业期望他发挥的独特贡献，则是赋予他人达成绩效的能力和

愿景。"<sup></sup> 这实际上就是在强调管理者的培养职能。无独有偶，领导力专家迪奇也认为："在组织中的任何层级上，一个人要想成为领导者，必须是一个老师。如果你不是在教别人，你就不是在领导。"

而在实际管理工作中，管理者对下属的绩效辅导是随时随地的，不一定要像教师那样通过集中授课的方式进行。

如果一位管理者经常对下属进行绩效辅导，下属就会得到很多反馈，他就会清楚自己的优点是什么、不足之处在哪里，就会知道如何去提升优点和改正不足，即使绩效得分低，他也会心服口服。反之，如果管理者和下属平时交流很少，那下属就无法从管理者处得知自己的短板是什么，也就缺少了改进的机会。如果管理者一年就绩效辅导一次，还劈头盖脸地批评下属，那下属听了一定会很不爽。尤其是当管理者给出的评价较差时，下属肯定会想："为什么我的领导从来没有给我任何提醒或指点呢？哪怕多说一句话，或许我早就能有所进步了。"

因此，绩效辅导的目的是帮助下属持续提升绩效，获得进一步的成长。具体来说，绩效辅导有以下几方面的价值（见图 9-1）。

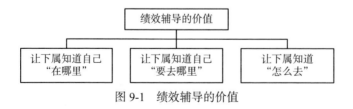

图 9-1　绩效辅导的价值

◯ 德鲁克. 管理的实践［M］. 齐若兰，译. 北京：机械工业出版社，2018.
◯ 刘澜. 领导力：解决挑战性难题［M］. 北京：北京大学出版社，2018.

一是让下属知道自己**"在哪里"**。管理者应明确说明对他的期望及他与期望的差距。

二是让下属知道自己**"要去哪里"**。管理者应激发他的内在动力，鼓励他达成更好的绩效结果。

三是让下属知道**"怎么去"**。管理者应辅导他总结经验、找到障碍点，帮助他成长。

正因如此，亚马逊要求管理者与下属每周进行一次一对一绩效辅导，如有其他安排，最起码两周也要有一次。辅导内容不限于业务相关的话题，除了确认某些目标达成情况以外，二人也会聊一些个人生活相关的困扰，互相分享，互相建议。

在华为的绩效管理体系中，绩效辅导占据着十分重要的地位。华为认为绩效辅导最本质、最基础的目的和作用，就是要促进员工进步。华为要求管理者每半年就要对下属进行一次个人绩效辅导，了解他对企业、对直属上司以及对自身岗位的认知，以帮助他找出不足、弥补短板，自然使他的绩效获得提升。

## 问题洞察：不会做辅导的管理者

许多管理者在绩效辅导的实际操作中往往会有一些疏忽，导致效果不尽如人意，主要有以下几个（见图 9-2 ）。

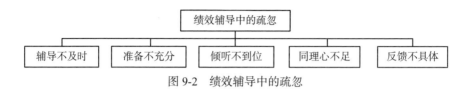

图 9-2 绩效辅导中的疏忽

**一是辅导不及时**。许多管理者往往因工作繁忙或其他原因，未能及时对下属进行绩效辅导。这种拖延不仅可能导致问题得不到及时解决，还可能使下属感到被忽视，影响他的工作积极性。

**二是准备不充分**。许多管理者在绩效辅导前并未做好充分准备，对下属的工作情况、心理状态、性格特点等的了解不够充分，导致辅导内容是泛泛而谈，缺乏针对性和深入性。

**三是倾听不到位**。许多管理者在绩效辅导时往往过于专注自己的想法表达，忽视了倾听的重要性。这种以自我为中心的辅导方式不仅可能导致信息传递不畅，还可能使下属感到被忽视，影响辅导效果。

**四是同理心不足**。许多管理者在绩效辅导时往往缺乏同理心，过于关注问题的表面现象，忽视了下属的感受。这种缺乏同理心的辅导方式不仅可能导致下属感到被误解或忽视，还可能无法从根本上解决问题。

**五是反馈不具体**。许多管理者在给予绩效辅导时往往过于笼统或模糊，使下属难以明确自己的优点和不足。反馈不具体不仅可能导致下属无法有效地改进工作中的不足，还可能使其质疑管理者的评价。

# 方法提炼：绩效辅导的核心是有利他之心

## 绩效辅导的三重境界

根据在绩效辅导过程中管理者所采用的方式与最终达成的效果，笔者将绩效辅导分为三重境界（见图 9-3）。

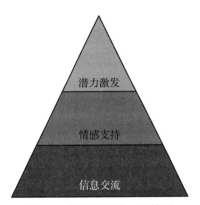

图 9-3　绩效辅导的三重境界

**第一重境界是信息交流。**在这一境界中，双方对工作目标、任务有清晰的理解。管理者能明确告知下属工作的具体要求、期望的成果以及完成时间，不使用模糊的语言，确保下属能够准确理解；能倾听下属的反馈，下属也有机会表达自己的理解和看法，使双方对目标和具体要求有共同的认知。

**第二重境界是情感支持。**在第一重境界的基础上，第二重境界注重情感支持和关系建立。管理者关注下属的情感状态，了解他的工作压力和困惑，并展现出同理心和关怀，让下属感受到自己的支持和理解。管理者也会鼓励下属表达自己的情感和想法，倾听他的声音，帮助他解决问题。通过绩效辅导，管理者与下属建立了良好的信任关系。

**第三重境界是潜力激发。**在前两重境界的基础上，第三重境界追求的是激发下属的潜力和促进共同成长。管理者关注下属的个人发展，通过引导下属认识到自己的潜力和价值，帮助他制订职业发展规划，为他提供成长的机会和空间，并鼓励他积极面对挑战和困难，勇于尝试新事物和新方法。通过绩效辅导，管理者和下属建立起更加紧密的关系，实现组织与个人的双赢。

总之，绩效辅导的三重境界之间是逐步深入的关系，每一重境界都需要管理者具备不同的能力和素质。通过不断学习和实践，管理者可以逐步提高自己的绩效辅导水平。

## 绩效辅导的关键点

绩效辅导通常是以一对一面谈形式来开展的，分为日常辅导面谈与定期绩效面谈。入职面谈、离职面谈、降级或降薪面谈等，都不属于绩效辅导范畴。日常辅导面谈与定期绩效面谈的差异如表 9-1 所示。

日常辅导面谈的应用场景较多，一个重要项目或工作完成后，下属的工作目标达成情况不及预期、工作遇到卡点或工作状态有问题时，管理者都应及时对他进行辅导面谈。

表 9-1 日常辅导面谈与定期绩效面谈的差异

| 面谈类型 | 面谈时间 | 面谈目的 | 面谈关键点 |
|---|---|---|---|
| 日常辅导面谈 | 随时随地发生 | 帮助下属找到达成目标的方法和提升完成目标的信心 | 基于 GROW 模型：关注他的目标是什么，基于现状分析识别出影响目标达成的阻碍因素 |
| 定期绩效面谈 | 以月度、季度、半年度、年度为周期 | 明确对下属的期望，指出下属工作中存在的不足，帮助下属成长 | 基于汉堡原理：先适当地肯定下属，再指出他的不足，并帮助他制订下一步的改进计划，最后还要给予鼓励 |

　　日常辅导面谈不需要那么正式，也没有严格规范的流程。为了促进下属的成长，笔者建议通过引导的方式，让下属自己找到解决问题的方法，而不是由管理者直接告诉他答案。基于 GROW 模型的日常辅导面谈流程如表 9-2 所示。

表 9-2 基于 GROW 模型的日常辅导面谈流程

| 序号 | 环节 | 具体内容 |
|---|---|---|
| 1 | 氛围营造 | ● 面带微笑，以轻松的话题开始（如对下属的关怀），并说明面谈的目的 |
| 2 | 目标设定 | ● 通过提问引导下属思考并清晰表达他的目标<br>● 确保目标符合 SMART 原则 |
| 3 | 现状分析 | ● 了解现状：通过提问了解下属当前的工作状态、面临的困难和挑战<br>● 评估资源：探讨下属现有的资源、优势和不足 |
| 4 | 方案探索 | ● 寻找方案：鼓励下属思考并提出多种可能的方案，让下属发挥想象力 |

（续）

| 序号 | 环节 | 具体内容 |
|---|---|---|
| 4 | 方案探索 | • 评估方案：与下属一起评估各种方案的可行性、优缺点和可能的结果 |
| 5 | 行动制定 | • 强化意愿：通过提问激发下属的积极性和工作动力，让他对实现目标充满信心<br>• 制订行动计划：与下属一起制订具体的行动计划，包括步骤、时间表、责任人和所需的资源等 |
| 6 | 面谈结束 | • 对下属给予鼓励和支持（切忌过度承诺） |

当下属的能力比较弱或者情况比较紧急时，管理者可以直接把他的问题和不足指出来，甚至在必要情况下可以直接把方案告诉他。

日常辅导面谈其实也是定期绩效面谈的基础。管理者如果平时经常做日常辅导面谈，那么到季度末或年末做定期绩效面谈时，就更加顺畅和容易了，因为下属对自己的工作做得好与不好已经有了预期。

相对而言，定期绩效面谈比较正式，管理者应按照规范和流程进行操作，流程如表 9-3 所示。

表 9-3    基于汉堡原理的定期绩效面谈流程

| 序号 | 环节 | 具体内容 |
|---|---|---|
| 1 | 氛围营造 | • 面带微笑，以轻松的话题开始（如对下属的关怀），并说明面谈的目的 |
| 2 | 下属自述 | • 引导下属陈述工作业绩，包括取得了哪些关键成果，并总结有哪些做得好的地方，有哪些需要改进的地方 |

（续）

| 序号 | 环节 | 具体内容 |
|---|---|---|
| 3 | 上级反馈 | • 先表扬下属，表扬时要举出具体事例<br>• 提出需要改进的地方：具体不笼统，注意这里对下属的表现应客观描述而不是主观判断<br>• 反馈下属的绩效结果，要有具体的理由和依据 |
| 4 | 共同探讨 | • 用开放式问题探寻下属意见，感知并理解下属的情绪<br>• 与下属一起讨论下一步工作思路，同时给予针对性的建议 |
| 5 | 面谈结束 | • 对下属给予鼓励和支持（切忌过度承诺） |

日常辅导面谈与定期绩效面谈有一些共同的原则需要遵守：一是要做好辅导前的准备；二是要营造氛围；三是要注意倾听，让下属多表达自己的想法；四是引导下属多思考，让他提出自己的观点；五是给予具体明确的反馈意见。总的来说，就是要有利他之心，能将心比心，真心为对方好、替对方着想。

# 操作指引：如何开展高质量的绩效辅导

## 做好辅导前的准备

绩效辅导不是一件简单的事情，管理者不能随时随地随便拉一个下属过来就聊，而是需要针对辅导的时间、地点、内容、方式等做好充分准备。绩效辅导前需要做以下四项准备工作（见图9-4）。

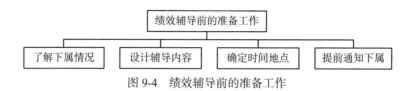

图 9-4    绩效辅导前的准备工作

**一是了解下属情况。** 因为每位下属的情况都不同，所以管理者首先要搜集下属的相关材料，包括他的工作进展情况、工作中潜在的障碍、可能存在的问题等，以此预判下属对绩效的期望和可能的意见，确保在辅导的过程中掌握沟通的主导权。

**二是设计辅导内容。** 辅导内容主要是下属上一个考核周期的工作业绩（尽量要有详细具体的数据）、工作中的态度表现，以及工作中没有达到绩效目标的部分、出现问题的原因等。需要注意的是，虽然绩效辅导谈的是过去一段时间内的绩效，但绩效辅导的目的是让下属在未来能更好地改进和发展，所以在辅导内容的设计上，一定要有对下属下一步工作的规划和安排。

**三是确定时间地点。** 一般绩效辅导都不安排在节假日之前或临近下班的时候，以免不能及时观察到下属的情绪波动。辅导地点不要选择办公室，一是容易受人打扰，辅导容易被打断；二是在办公室辅导无法保护下属隐私。最好选择安静的小型会议室，关上门对下属单独辅导。对于绩效考核不理想的下属，在告诉他评定和考核结果时，要避免被第三者听到。管理者不要选择太随意的地方，太随意的地方会让下属感觉辅导不正式，可能会不重视这次辅导，导致绩效辅导达不到预期效果。

**四是提前通知下属**。辅导前应提前与下属沟通，把辅导的时间、地点以及相关内容都告诉他。由于辅导的时间一般不少于 30 分钟，管理者应提前通知下属，让下属安排好手头的工作并做好相应的准备。

## 营造良好的辅导氛围

平和的氛围不仅有助于发现并解决问题，对下属的心态也会有积极的影响。管理者想要营造良好的辅导氛围，可以从以下几点展开（见图 9-5）。

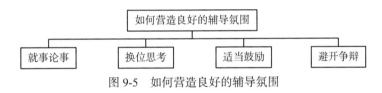

图 9-5　如何营造良好的辅导氛围

**一是就事论事**。管理者要做到对事不对人，客观描述下属在工作中出现的问题，不掺杂个人感情，这样可以有效缓解下属的抵触情绪。只要不是原则性的错误，管理者应该给予充分理解。切忌把重点放在追究下属的责任上，这样容易让下属产生逆反心理，不利于问题的解决。不过，如果下属存在责任心不足、价值观有问题等情况，管理者则应该严肃地指出来，并督促其改正。

**二是换位思考**。管理者要有同理心，让下属把自己的情绪表达出来，理解下属的感受。例如，用"我能理解你现在的感受，你是不是觉得……"之类的话语来表达自己对下属的理解。下属收到这样的反馈后，会感觉到自己的想法和情绪被别人理解了、看到了，情绪会更容易平复下来。大部分的绩效辅导重点不在于评价下属工作的好与坏，也不在于评价下属处理工作时的逻辑与理由，而是在辅导过程中建立情感联结，让下属感到被尊重与得到帮助。

**三是适当鼓励。**下属的工作状态有好有坏，表现在绩效上就会有高有低。不能因为某一次或某几次的失败就彻底否定他的努力。管理者应对下属的优点及其在工作过程中取得的成绩给予肯定，在肯定下属时不能太过笼统，要明确具体地指出下属应该被肯定和鼓励的地方，让下属感受到管理者的真诚，让管理者的肯定真正起到鼓励的作用。

**四是避开争辩。**有的下属性格比较急躁，有时候会说一些抱怨或带有攻击性的语言。遇到这样的情况时，管理者不要马上与对方争辩，而是要把话题引导到需要讨论的问题上。例如，可以这样说："我很愿意听你说，但是，这不是我们现在需要谈论的话题。"

## 多引导下属思考

在绩效辅导过程中，管理者要多引导下属思考，可以遵循以下原则（见图 9-6）。

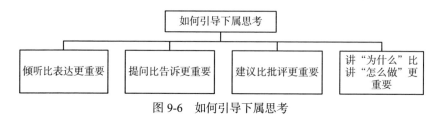

图 9-6　如何引导下属思考

**一是倾听比表达更重要**。辅导的目的是帮助下属，是把事情做好，而不是让管理者发泄或显摆，因此管理者要带着利他的目的去反馈。因此，管理者自己要少说点，要让下属充分表达自己的观点，鼓励下属自己分析出现问题的原因，找到解决问题的方法。整场辅导下来，60% 以上的时间是下属在表达效果会比较好。

**二是提问比告诉更重要**。"告诉"其实是一种居高临下的方式。你告诉对方一件事，其实隐含着这样的假设：这件事你不知道，而我知道，并且你需要知道。但如果你采用提问的方式，隐含的假设就不一样了：这件事情我不知道，而你知道，并且我想要知道。显然，"告诉"容易破坏关系，"提问"有利于建立关系。"你觉得呢？""你怎么看？"才是领导力中最有力的问题。

所以管理者要做的应该是适当运用教练技术引导下属更多地思考，让他自己思索工作中的不足、需要改进的地方以及对应的方法。只有让下属自己主动意识到问题，才更加有利于他后续的改进。

有的下属在看到不太理想的考核结果后会表现出消极、沮丧的情绪，感觉自己什么都做不好。此时，管理者可以问下属一些开放性的问题，引发下属对未来的思考，重新唤起下属的热情、树立起自信。

**三是建议比批评更重要**。一些管理者采用非建设性反馈，以批评、指责下属的缺点为主，甚至评论其个人品质，这样的反馈会适得其反，带来负面效果。在辅导过程中，应当采用建设性反馈。建设性反馈是指当被指导者的行为没有达到期待的结果时，指导者把注意力集中在任务、过程而不是个人品质上，具体指出被指导者的问题所在，并提示改善方向。建设性反馈的目标明确但不会给被指导者带来挫败感，客观但不无情。

给下属的反馈要言之有物，具体、清晰、可落地——下属这么做了，可以让事情得到改善。如果管理者的反馈不够具体，那么它对于下属就没有价值，因为下属根本没办法参考。

举个例子。管理者说："你这个方案不够精彩，没有让人眼前一亮的感觉。"这种反馈就是非建设性的。建设性反馈应该是这样的："你的方案中的这两处地方，如果能再优化一下，方案会更精彩。我有两个建议，你可以参考一下。"既指出问题又给出可行的建议，下属就更容易接受。

管理者注意不要提出过多的建议，一次最好重点解决一两个重要问题，因为提出过多建议，会使下属不堪重负，甚至带来负面影响。

**四是讲"为什么"比讲"怎么做"更重要**。在辅导的时候，管理者要说清楚下属这样做对他和公司有什么好处，能带来什么样的变化。比如，下属在见客户时经常迟到，在绩效辅导的时候管理者一顿批评，说他这样做很不好，很让人生气。这其实是在表达生气的情绪，并不能真正帮助对方。建设性反馈应该是什么样的？管理者可以说："如果和客户见面时你不迟到，那对方可能会觉得你的态度很端正，我们就有可能建立更好的合作关系。"这种反馈能让下属感受到，管理者是站在对方的角度考虑问题，是能够帮助对方的。好的绩效辅导能让下属感觉如沐春风。

## 辅导策略要因人而异

华为十分尊重个体差异，任正非强调：各级主管面对员工时应实事求是地看待员工的个体差异，不要简单地把年资长的员工与惰怠、没冲劲画等号，要避免管理的简单化、贴标签、一刀切。所以，华为在制定绩效目标和开展绩效辅导时都"区别对待"员工，希望在发挥员工优点的同时，通过绩效辅导，给员工提供针对性意见和建议，以弥补员工的短板和不足，这样不仅有利于员工提高绩效，企业也会随之提升竞争力。

因此，针对不同类型的员工进行绩效辅导的时候，可以采用不同的辅导策略。（见表9-4）。

人们往往认为，明星员工已经是佼佼者，对自己的工作内容有足够的掌控，管理者不应该对他们的工作内容做过多的干涉，让他们自主解决问题就好。但事实恰恰相反，明星员工因为能力和绩效都比较突出，在组织中往往被赋予了更多的责任，承担了更复杂的任务，他们反而更需要反馈和辅导。

表9-4　针对不同类型员工的绩效辅导

| 员工类型 | 特征 | 辅导策略 |
|---|---|---|
| 绩效好、态度好的员工 | 能力强且有上进心，敢于承担责任，他们是企业的标杆员工，也是创造团队业绩的主力，是"重点保护对象" | 1. 以肯定、鼓励为主，肯定他们在工作过程中取得的成绩和踏实负责的态度<br>2. 向他们施加一些压力，提出更高的要求和目标，以避免他们骄傲自满 |
| 绩效好、态度不好的员工 | 能力比较强、个性也比较强的员工。他们可以做出较大的贡献，但也可能对集体和组织造成大的破坏 | 在肯定成绩的基础上，也不能姑息他们的惰性，要认真指出他们存在的不足，该批评的要批评 |
| 绩效不好、态度好的员工 | 这类员工能力存在问题或者新入职还未进入状态，导致绩效考核结果不理想。他们愿意与企业一起努力奋斗，有上进心，假以时日就是下一批奋斗者，是企业巨大的财富 | 1. 以鼓励为主，要给他们成长的空间和时间<br>2. 和他们探讨影响绩效的问题与原因，并帮助其制订绩效改进计划，督促其改进<br>3. 如果不能改进，可以通过调岗等方式让其发挥价值。态度不能代替业绩，不能因为态度好就对绩效不好选择性忽视 |
| 绩效不好、态度也不好的员工 | 可能是一些老员工，资历老、辈分高、尸位素餐，不思进取、不求上进，只想混日子 | 1. 向他们强调工作的目标，明确表达企业对他们的看法和期望，引导他们反思自己的问题<br>2. 同时要给出一些指导，希望他们能端正态度、努力工作 |

还有一些员工性格内向，不喜欢与人交流，工作时也总是单打独斗。这些人即使完成了自己的绩效目标，也会影响团队的合作氛围。管理者在对他们进行绩效辅导时，要让他们多开口，并且要求他们多走向台前、多参加集体活动。

## 实战案例：对一位人力资源专员的绩效辅导

本次绩效辅导发生在人力资源专员 Emma 入职两个多月时。Emma 近期承担了较多的事务性工作，包括一些企业文化活动的组织策划、新闻稿撰写，还有一些行政工作的协调等，面临一些新的挑战和困难。因此，人力资源部门的李经理决定对 Emma 进行一次深入的绩效辅导，以了解 Emma 的工作进展、遇到的问题，并提供相应的指导和支持。以下为对话内容（见表 9-5）。

表 9-5 李经理对下属 Emma 进行的绩效辅导

| 步骤 | 对话内容 | 备注 |
|---|---|---|
| 氛围营造 | 李经理：Emma，最近你的事情比较多，你辛苦了。<br>Emma：谢谢李经理的关心。<br>李经理：我们今天来聊一下你最近的工作情况，看看有哪些地方需要改进，哪些地方我可以提供帮助。<br>Emma：谢谢李经理，最近事情比较多，确实有点忙不过来。 | |
| 目标设定 | 李经理：那你先说说，这段时间你都做了哪些工作？ | |

（续）

| 步骤 | 对话内容 | 备注 |
|---|---|---|
| 目标设定 | Emma：除了负责办理日常的入职和离职手续，我还承担了企业文化活动的组织策划、新闻稿的撰写，还要协调行政准备茶点等。最近还有中层干部团建的事情，但是好像没有人负责，我推动起来有点吃力。<br>李经理：你的主要职责和目标是什么？<br>Emma：我的职责就是企业文化建设，目标是让员工感受到企业的温暖。<br>李经理：具体到你的 OKR 指标是什么？<br>Emma：我的目标是保证员工满意度，关键成果 1 是每季度组织一次干部团建活动，关键成果 2 是顺利完成公司司庆活动的组织策划。 | |
| 现状分析 | 李经理：好的，要实现这个目标，你当前最大的困难是什么？<br>Emma：我觉得最困难的是跟不同的人去沟通。我以前主要是做事务性工作，现在需要跟很多人打交道，需要心态的转变。而且有很多事情对我来说都是新的，我会觉得有些挑战。<br>李经理：能更具体地说一说你遇到的困难吗？<br>Emma：有好几件事情都需要跨部门协同配合，但是我作为一个新人，资历不够，我叫不动他们。<br>李经理：都是哪些人呢？<br>Emma：这个……（不敢说出来）<br>李经理：陈经理是吧？<br>Emma：是的。<br>李经理：他为什么不愿配合？ | 此处对下属发现问题与总结原因进行了一定的引导，要让下属敞开心扉，畅所欲言 |

（续）

| 步骤 | 对话内容 | 备注 |
|---|---|---|
| 现状分析 | Emma：具体情况我也不知道，上次我提出需要一些人手支持司庆活动的时候，他就说抽不出人手，只派了一个人来，但是我看他们部门好像也不是很忙。<br><br>李经理：上次这件事情，我也去做了一些了解，陈经理当时手上也有一个项目。当时我直接找了陈经理，让他安排了一个同事过来支援。<br><br>Emma：哦，原来如此。<br><br>李经理：前面讲的都是别人的问题，是客观原因。那么，从自身的角度来看，你觉得自己有哪些地方有待改进和提升？<br><br>Emma：嗯……可能是我跟大家还不太熟吧，我的性格偏内向，没有主动跟大家搞好关系。<br><br>李经理：这可能是一个问题，还有吗？<br><br>Emma：我觉得我的项目计划不是很详细，分工不太明确，其他人可能不太知道要做什么，所以配合度就会低。<br><br>李经理：你总结得不错，还有吗？<br><br>Emma：没有了。<br><br>李经理：我们对一件事情做复盘，目的是什么？<br><br>Emma：让下次做得更好？<br><br>李经理：讲得非常好，那么我们复盘的时候，更多地是找自身的问题，还是去找别人的问题？<br><br>Emma：嗯，两方面都要有吧？<br><br>李经理：更多地是找谁的问题呢？是自身的，还是别人的？<br><br>Emma：这个…… | 此处对下属发现问题与总结原因进行了一定的引导，要让下属敞开心扉，畅所欲言 |

（续）

| 步骤 | 对话内容 | 备注 |
|---|---|---|
| 现状分析 | 李经理：找自身的问题，和找别人的问题，哪个能让我们更好地把事情解决？<br>Emma：那要看谁对这件事情的影响更大了。<br>李经理：那找谁的问题，是我们更能控制的？<br>Emma：哦……那应该多找自身的问题。<br>李经理：非常棒，你说得很对！我们去做复盘，要先从自身找问题，因为只有这些是我们能控制的，别人的问题也很重要，但是那些我们控制不了，所以找别人的问题就不能帮助我们去很好地解决这件事情。<br>Emma：好的，我明白了。<br>李经理：我很理解你的为难之处，作为一个新人，跟大家都不熟，要协调这些跨部门的事情确实有一定难度，以后遇到这些困难，你及时跟我反馈，我来帮你协调。<br>Emma：谢谢李经理。 | 此处对下属发现问题与总结原因进行了一定的引导，要让下属敞开心扉，畅所欲言 |
| 方案探索 | 李经理：你觉得接下来可以在哪些方面做出一些改变呢？<br>Emma：我可以与其他部门的同事多交流，每周至少跟两位同事一起吃饭或喝下午茶来加深了解；在工作中多帮助别人，每周至少做一件利他的事情。<br>李经理：不错，还有吗？<br>Emma：嗯，我想一下……涉及跨部门的项目时，我要制订详细的计划，明确分工，提前与相应部门协调。<br>李经理：还有吗？<br>Emma：我暂时只能想到这些了。 | 当下属想不到更好的办法时，管理者要给出具体的反馈和针对性的辅导建议 |

（续）

| 步骤 | 对话内容 | 备注 |
|---|---|---|
| 行动制定 | 李经理：那我们现在来明确一下你接下来的改进计划，主要有哪几件事情要做？<br>Emma：一是每周至少跟两位同事一起吃饭或喝下午茶；二是每周至少做一件利他的事情；三是要制订详细的计划，明确分工，提前与相应部门协调。 | |
| 面谈结束 | 李经理：非常好，我再给你几点建议：一是有困难可以找我。如果工作推不动或者需要帮助，不要犹豫，直接来找我。二是要学会借助团队的力量来解决问题，要用别人的长处，他有了成就感就更愿意配合你。三是利他就是利己，在工作中多帮助别人，别人也会愿意帮助你，当别人忙不过来的时候，要主动补位。<br>Emma：谢谢李经理，这些建议对我很有帮助。<br>李经理：我相信只要你努力去做，一定能够克服这些困难，取得更好的成绩。加油！<br>Emma：谢谢李经理，我会努力的。<br>李经理：那我们今天就聊到这里吧。<br>Emma：好的。 | |

李经理进行本次绩效辅导，旨在了解 Emma 的工作进展、遇到的问题，并提供相应的指导和支持。通过绩效辅导，Emma 得到了李经理的肯定和鼓励，同时也明确了自己的不足和需要改进的地方。

第十章

# 团队建设
## 营造打胜仗的氛围

### 自我测试：你善于做团队建设吗？

以下 5 个特征中，如果你符合 3 个及以上，那么表明你的团队建设（下称"团建"）水平很一般，需要认真阅读本章内容。

- 团队成员的思维理念很不一致
- 团队成员的工作投入度低
- 团队内部凝聚力差、协作不顺畅
- 团队内部氛围紧张、相互交流少
- 团队内的冲突得不到及时解决

## 价值定位：团建的目的是借假修真

当团队做大后，很多属于管理者的烦恼来了：人多了，队伍不好带了，开始担心员工的奋斗热情减弱、团队精神受到影响，于是团建就成为很多管理者的一个重要抓手。

管理者首先要知道什么是团队。阿里巴巴对团队的定义是一群有情有义的人，在一起做一件有价值、有意义的事。有情有义是什么？简单来说就是彼此信任，敢于把你的后背交给队友；整个团队要塑造彼此信任、共同拼搏，不抛弃、不放弃的团队氛围和意识。

管理者其次要了解团建的目的是什么。笔者认为团建的目的是借假修真，"假"指的是团建的外在形式，如各种游戏、挑战和互动环节；"真"则是指通过这些活动所修炼和提升的团队成员素质、团队协作能力，以及实现的个人和团队的共同成长。借假修真，就是借活动修精神，修团队，修成长。具体来说，团建有以下几个方面的价值（见图 10-1）。

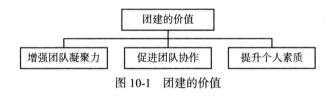

图 10-1　团建的价值

**一是增强团队凝聚力。**通过共同参与一系列有趣而富有挑战性的活动，团队成员之间可以建立更紧密的联系，增进相互之间的了解和信任。这种凝聚力不仅有助于提升团队的整体效能，还能让团队成员在工作中配合更加默契，共同应对各种挑战。

**二是促进团队协作。**在团建中，团队成员需要相互协作、密切配合，才能顺利完成任务或解决问题。这样的过程可以锻炼团队成员的协作能力，使他们更加擅长在团队中发挥各自的优势，形成强大的合力。

**三是提升个人素质。**在团建中，团队成员往往需要面对各种挑战和困难，需要展现出勇气、耐心、毅力等品质。通过不断克服这些挑战，团队成员可以不断提升个人素质，为未来的工作和生活积累宝贵的经验，提升相应的能力。

综上所述，团建不仅是一种提升团队凝聚力和协作能力的有效手段，更是一种借假修真的管理实践。

## 问题洞察：小心把团建变成"团灭"

正因为团建的重要性，不少企业越来越重视团建，比如大家一起吃饭、唱歌，或者进行拓展训练，希望以此来提升员工的精神面貌。

有意思的是，与管理者越来越重视团建相反，不少员工越来越反感团建。有的员工以各种理由推脱；有的员工觉得与他人志趣不相投，根本玩不到一起；有的员工认为，与其做大家不感兴趣的团建，还不如发钱更能起到激励作用；甚至有的员工因为参加团建后对企业心灰意冷，选择辞职。团建已成为走形式、"洗脑"的另一种说法。

对管理者来说，其实也有难处：花钱少的地方不好玩，员工有意见；好玩的地方花钱多，预算不够；去太近的地方，没有新鲜感；去太远的地方，又担心安全问题；一起做游戏，员工嫌低级；

各玩各的，又显得没有凝聚力。于是，管理者机械地搞，员工硬着头皮去，团建一不小心成了管理者的送命题。

为什么会这样呢？其实是因为团建有以下几个常见问题未得到妥善解决（见图 10-2）。

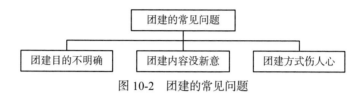

图 10-2　团建的常见问题

**一是团建目的不明确**。有的管理者对团建寄予厚望，但其实根本没有想清楚为什么要组织团建：目前要解决什么问题，通过团建能解决这些问题吗？从某种程度上讲，团建相当于一次手术，为企业剔除病灶，让企业焕发活力，而平时的小福利和员工关怀，约等于规律性的强身健体。一个企业的健康发展，不应该寄希望于有了重病才去医治，而应该在日常运作中就注意怎样避免生病。手术都是有风险的，你以为是团建，搞不好就变成"团灭"了。

**二是团建内容没新意**。大多数管理者对团建的认知还停留在简单地吃饭、唱歌，组织一场聚会上。吃完饭、唱完歌，大家散去，第二天来上班，企业的问题仍然存在，不熟悉的员工之间依旧不熟悉，对企业有不理解之处的员工依然有困惑。核心问题是，员工没有从团建中得到收获，这样的团建意义就不大。

**三是团建方式伤人心**。一次好的团建可以起到"1+1>2"的效果，但一次不好的团建可能毁掉整个团队。比如，有的企业强行占用员工的休息时间团建，强制要求每人表演一个节目，团建费用采用 AA 制，或团建完了每人要写几千字的心得感想等。这样的团建方式，可能让员工产生极大的反感和抵触情绪，从而影响团建的效果和团队的凝聚力。因此，在团建过程中，要尽量避免踩到员工的雷区。

# 方法提炼：不同情况采取不同团建类型

## 团建的三重境界

根据团建的目标、参与者的体验以及活动对于团队的影响，笔者将团建划分为如下三重境界（见图 10-3）。

图 10-3    团建的三重境界

**第一重境界是简单娱乐与放松。** 在这一境界，组织者主要关注活动的娱乐性和参与者的舒适度，提供一个轻松、愉快的氛围，让大家放松并享受其中，增进彼此之间的了解，相互交流。这样的活动一般是一些简单、易操作且参与度高的娱乐项目，如团队游戏、户外烧烤、唱歌等。需要关注的是，活动流程应顺畅，避免复杂的规则和程序，让参与者能够轻松融入。

**第二重境界是促进协作与融合**。在娱乐的基础上，第二重境界的团建增加了团队协作和沟通的元素，引导参与者积极参与活动并共同完成任务。参与者通过活动加深彼此之间的了解和信任，提升团队的凝聚力和协作力。第二重境界的团建通常是一些需要团队协作才能完成的挑战项目，并且会设计一些促进沟通和交流的环节，如小组讨论、角色扮演等。

**第三重境界是激发潜能与创新**。在增强团队协作和沟通的基础上，第三重境界的团建进一步关注个人成长和团队发展的长远目标，设计出既有趣又有深度的活动。参与者通过活动不仅能够提升协作能力和沟通能力，还能够发现自己的潜力和不足。第三重境界的团建通常会设计一些具有挑战性的任务或项目，并在活动中引入一些专业培训，让参与者能够充分发挥自己的潜能和创造力，促进反思和总结，还能提升专业知识和技能。

总的来说，团建的每一重境界都对应着不同的目标和内容，需要组织者根据团队的实际需求和特点来选择合适的项目。

## 三种不同的团建类型

阿里巴巴将团建分为三种类型：思想团建、生活团建和目标团建（见表10-1）。

表 10-1 团建的三种类型

| 类型 | 目的 | 常见形式 |
|---|---|---|
| 思想团建 | 唤醒赢的本能：让团队在思想上达成一致 | 民主生活会、裸心会、茶话会 |
| 生活团建 | 创造赢的状态：增进团队成员的情感联结 | 文体活动、娱乐活动、集体聚餐 |
| 目标团建 | 实现赢的目标：助推业务目标的有效达成 | 启动会、庆功会、发布战报、公布榜单等 |

思想团建的目的是在让团队在思想上达成一致，让团队成员了解共同工作的意义和价值，清楚自己为什么而战。管理者要懂得如何将企业的使命、愿景、战略与团队成员的个人目标关联起来，让大家有"我们是一个组织、一个集体，一荣俱荣"的感受，成为命运共同体。常见形式有民主生活会、裸心会、茶话会等。

生活团建的目的是让团队成员的心与心发生碰撞，增进相互之间的情感联结。"能玩到一起才能干到一起"，一个团队一定要有一些共同的快乐经历。阿里巴巴把生活团建总结为五个"一"：一次体育活动、一次娱乐活动、一次集体聚餐、一次深度沟通、一个感人事件。很多管理者平时开展得最多的就是生活团建。

目标团建就是通过启动会、庆功会等一系列活动营造良好的团队氛围，来助推业务目标的达成。目标团建最直接的目的是实现业绩目标，赢得胜利；更深层的目的是帮助团队成员找到最真实的自我，突破极限，实现蜕变。

用一句话来概括，思想团建就是要唤醒赢的本能，而生活团建要创造赢的状态，目标团建则是要实现赢的目标。

### 团队温度决定团建类型

那么，管理者应当如何选择团建类型呢？笔者认为，首先应当确定一下团队温度（见表10-2）。什么是团队温度？简单来说就是团队的氛围与士气的具体表现。

表 10-2　团队温度与团建类型

| 团队温度 | 具体表现 | 团建类型 |
|---|---|---|
| 三四十度 | 一般为新老更替的团队或者以新人为主的团队，团队的士气不高，凝聚力不足，或者团队成员相处不是很愉快 | 生活团建 |
| 六七十度 | 团队成员之间关系很融洽，团队认同感也很强，但是总觉得缺少点什么，在敞开内心和相互坦诚上还有进一步的空间 | 先做生活团建，再做思想团建 |
| 八九十度 | 团队成员之间有过协同关系，互相配合较好 | 目标团建 |

当团队温度是三四十度的时候，如果管理者选择直接去做思想团建的话，协同的难度太大；如果做目标团建，团队成员可能在方向上不是很一致。所以，比较适合的团建类型是生活团建，毕竟团队成员要玩到一起还算比较容易，让大家更深入地了解彼此，有共同的快乐经历，也是为下一步增进团队成员之间的感情做准备。

在某知名互联网公司，由于人员规模快速扩张，很多员工之间相互不熟悉，这也为相互协作带来了一些障碍。为此人力资源部门组织了一次户外拓展活动。在活动中，员工被分为几个小组，每个小组都需要通过团队协作完成一系列挑战任务。这些任务不仅考验了员工的智慧和体力，更重要的是，它让员工在共同面对困难、解决问题的过程中，增进了彼此的了解和信任。活动结束后，许多员工表示，通过这次团建，自己与同事之间的关系变得更加亲近，工作时的沟通也更加顺畅。

而当团队温度是六七十度的时候，团队成员之间关系很融洽，团队认同感也很强，但是总觉得缺少点什么，在敞开内心和相互坦诚上还有进一步的空间。这时应该先做生活团建，再做思想团建。

一家制造业企业，在生产线上经常面临协同问题。为了解决这个问题，管理层决定通过团建来提升员工间的协同效率。他们组织了一次模拟生产线的团建，让员工在模拟的环境中体验并找出协同工作中存在的问题。在活动中，员工积极参与，共同探讨解决方案。回到工作岗位后，他们将这些经验应用到实际工作中，有效地提高了生产线的协同效率。

而当团队温度是八九十度的时候，团队成员之间能够很好地协作，大家荣辱与共，有很强的作战意愿，这时则需要做目标团建，需要有一场胜仗来沉淀团队的文化，从而为打更多的胜仗打下基础。

所以，选择什么样的团建类型，不仅跟管理者想要达到的目的有关，也要考虑团队当前的温度。

# 操作指引：团建的正确方式

## 团建不是万能药

团建常被管理者寄予厚望，仿佛一剂灵丹妙药，能够迅速解决团队的种种问题，提升整体绩效。然而，现实情况往往复杂多变，团建并非万能钥匙，团建的效果更无法立刻显现。团建的关键在于，我们如何区分并实践"低级团建"与"高级团建"，以及如何在日常管理中融入真正的关怀与激励。

当团队绩效不佳或氛围紧张时，一些管理者倾向于将责任归咎于团队成员，认为他们缺乏足够的努力和投入。于是，团建成了管理者手中的"救命稻草"，他们希望通过一些简单的活动来改善团队关系，提升团队成员士气。说教、讲大道理、强化考核与监督，非但不能解决问题，反而可能加剧团队成员的反感和抵触情绪。这种低级团建，是管理者试图通过表面的和谐掩盖深层次的问题，如同隔靴搔痒，无法触及问题的核心，更无法带来真正的改变。

团队绩效往往并非单一因素所致。战略与战术失误、未能创造用户价值、激励机制与培养体系存在不足，都可能导致团队绩效出现问题。如果管理者不能正视这些因素，而仅仅寄希望于团建来扭转乾坤，那么无论他们如何努力，都只能是徒劳无功。因为团建只是锦上添花，而不能雪中送炭。在根本问题未解决之前，任何方式的团建都只是治标不治本，无法带来真正的绩效提升。

热衷做低级团建的管理者，多半是心里有一个错误的假设：工作是枯燥乏味、没有情调的，所以想带领团队成员远离工作及工作环境，组织户外游玩、聚餐、拓展活动等，以此让团队成员之间的感情融洽，激发团队凝聚力、协作意识。其实，工作本身就是一种修行，激发敬业精神与团队精神的最佳地方，不在工作环境之外，而在工作环境之中。

除了定期的团建外，日常的员工关怀同样不可忽视。强大的团队凝聚力和活力并非一朝一夕之功，而是在日常工作中不断培养和积累起来的。一家有远见的创业公司深谙此道，它将团建经费的一部分用于改善办公环境，提供丰富的零食、饮料等，这些细微之处让员工感受到来自公司的关心与温暖。此外，该公司还定期为员工举办生日会，营造家一般的氛围，这些看似微不足道的小事，实则对提升员工满意度、增强团队凝聚力起到了不可估量的作用。

### 想清楚团建的目的

团建不仅仅能让团队成员在繁忙的工作之余得到放松和娱乐，更重要的是通过这些活动可以加强团队内部的联系和沟通，提升团队的凝聚力和协同效率。而要实现这一目标，就需要管理者在策划和组织团建时，充分考虑团队成员的需求和感受，确保活动既有趣味性又有教育性。

因此，在开展团建之前，管理者要认真想清楚团建的目的。团建的目的，如同大海中的灯塔，为整个活动指明了方向。它决定了活动的内容、形式以及设计要点。目的不同，团建设计要点也不同（见表 10-3）。

表 10-3　团建的目的及设计要点

| 序号 | 想要达到的目的 | 团建设计要点 |
| --- | --- | --- |
| 1 | 加深团队成员间的相互了解和信任，从而增进团队情感 | 活动包含互动性强、需要团队合作的环节，如共同完成任务、分享个人经历等，以促进团队成员间的情感联结 |
| 2 | 促进团队成员间的沟通与协作，以提升日常工作中的协同效率 | 安排需要高度协同才能完成的挑战或游戏，如团队游戏、角色扮演等，鼓励团队成员在解决问题中学会倾听、表达与配合 |
| 3 | 促进团队形成共同的价值观和目标，从而拥有更多共同语言 | 通过团队讨论、愿景制定等环节，让团队成员共同参与团队文化的塑造，增强他们的归属感和对团队的认同感 |
| 4 | 帮助团队成员看到个人及团队的发展前景，激发其工作热情和潜能 | 设置具有挑战性的目标，同时设置认可机制并提供奖励，让团队成员在达成目标的过程中感受到成就感；分享公司愿景和职业规划，让团队成员看到在公司发展的可能性 |
| 5 | 强调团队成员对公司的重要性，增强其自我价值感和作为公司一员的自豪感 | 通过领导层的致辞、员工表彰大会等形式，明确表达对团队成员贡献的认可和感激；组织参观公司重要项目或设施，让团队成员亲身体验公司成就 |

为了增强团队凝聚力，促进跨部门沟通，加深新干部对公司文化及战略的理解，某科技公司特别策划了为期三天的海边团建。此次团建的目的是在轻松愉快的环境下，结合深度交流与反思，打造一支协作更加紧密、目标更加一致的团队。

第一天的安排是破冰与增进了解。

团队成员在下午抵达酒店。傍晚时分，夕阳西下，海风轻拂，团队成员围坐在精心布置的烧烤区，享受着海鲜、肉类等各式美食。随着篝火燃起，音乐响起，氛围逐渐升温，大家开始自由交流，打破日常工作的界限。公司设置了"真心话大冒险"环节，鼓励大家在轻松愉快的氛围中分享个人趣事或工作小秘密，增进对彼此的了解。

第二天的安排是海岛探险与放松。

上午分组进行皮划艇比赛，团队成员需齐心协力划向终点，体验团队合作的力量与自然之美。公司还在比赛间隙安排了游泳时间，让大家在海水中尽情嬉戏，放松身心。

下午是自由活动时间，大家漫步海岛，观赏独特的自然风光，拍照留念，享受宁静的时光。

晚上团队成员前往KTV，一展歌喉，享受音乐带来的快乐。随后，公司组织了得克萨斯扑克活动，既考验策略又增进团队间的信任与合作。

第三天的安排是战略研讨与"照镜子"。

上午对上半年进行战略复盘，首先由经营分析部对公司战略目标在上半年取得的进展进行回顾，随后分组围绕战略目标、市场趋势、业务策略等方面进行深入探讨。

下午CEO阐述公司半年来取得的成就与面对的挑战，明确公司未来的战略方向与下半年的工作重点、价值导向等。活动特别关注新干部的理解与反馈，通过问答环节解答其疑惑，拉齐团队的战略与文化认知。

晚上进行"照镜子"。这个活动旨在提升团队成员的自我觉察，帮助大家进步。"照镜子"一共开展三轮。第一轮是自我批评，每位团队成员当众坦白自己的不足之处，这一环节旨在促进自我认知与成长。第二轮是抽签互评，每位团队成员随机抽取一张写有同事名字的纸条，需要诚恳地指出该同事的不足之处（至少说一个，而且不能说优点）。例如，张三抽到了写有"李四"的纸条，他说："李四，我觉得你在与他人沟通时经常容易情绪化，导致你们很容易产生冲突和矛盾。如果你能在沟通中适当控制自己的情绪，认真倾听他人的观点，那么你和别人的协作会更加顺畅。"第三轮是顺序互评。按照座位顺序，每位团队成员需提出一个前一位发言的团队成员的不足之处。

此次团建不仅加深了团队成员之间的了解与信任，更通过战略研讨与自我反思，提升了团队的整体战斗力和对公司的认同感，为公司下半年的发展奠定了坚实的基础。

聚餐是最常见的团建方式，很多管理者在团建时就是让大家吃一顿饭，草草了事。事实上，怎么把这顿饭吃好，是有讲究的，这要看管理者要达到什么目的。阿里巴巴认为，在做生活团建时要做到三点：创造释放点、寻找甜蜜点、留下记忆点。

例如，笔者曾组织过一次生活团建，当时团队有一些新成员加入，大家平时比较忙，笔者也没有时间策划复杂的团建，就开展了一次围炉烤肉。在聚餐过程中，每个人需要讲一个自己有而别人没有的特征，连续讲了两三轮，差不多三小时就过去了。这次团建既促进了团队成员之间的交流，笔者也发现了很多团队成员的性格特征和小秘密，为后面的管理工作做了观察和信息收集的基础工作。

## 团建的核心是走心

有人说，糟糕的团建比比皆是，走心的团建万里挑一。团建活动成败的核心是要走心。有人说，凡是不能让团队成员主动发朋友圈的团建都是不走心的团建。也就是说，团队成员自己喜欢，觉得有价值、有意义，值得发朋友圈炫耀的，才是走心的团建。走心，就是要用心策划、注重细节而非形式、尊重团队成员的需求和感受，这样才能让团队成员真正融入其中，感受到团队的温暖和力量。

要让团建真正触动团队成员的心弦，除了上面提到的几点之外，还可以从以下几个关键点着手（见图 10-4）。

图 10-4　走心的团建的四个关键点

**一是个性体验**。不要每次团建都聚餐，要了解团队成员的兴趣爱好和个性特点，设计符合他们喜好的活动环节，让团队成员感受到被重视和关注。建议带团队成员去做一件平时没做过、不敢做的事情，让大家拥有不同寻常的共同经历。比如，要是喜欢户外运动的团队成员比较多，管理者就可以组织徒步、攀岩、露营等活动；要是文艺爱好者比较多，管理者则可以组织大家一起去画油画、做陶艺、录首歌等。

**二是情感共鸣**。在团建中融入情感元素，通过共同经历、分享故事等方式，激发团队成员之间的情感共鸣。比如，组织一次感恩分享会，让团队成员表达对同事、领导或公司的感激之情；安排一次团队挑战，让团队成员共同面对困难并相互扶持，从而加深彼此间的情感联结。

**三是文化融入**。将企业的价值观、使命和愿景融入到团建中，让团队成员在参与过程中感受到企业的文化和精神内涵。通过价值观的传递，增强团队成员的归属感和对企业的认同感，激发他们的责任感和使命感。

**四是持续跟进**。活动结束并不意味着团建工作结束。相反，管理者应该持续关注团队成员的反馈和感受，了解他们在活动中的收获和成长。同时，管理者应根据团队成员的反馈对团建进行改进和优化，确保未来的团建更加贴近团队成员的需求和期望。

## 打胜仗是最好的团建

真正的管理高手，都善于在日常工作中设计与组织实战型团建：带领团队打胜仗，建立打胜仗的团建文化——胜则举杯相庆，败则拼死相救，形成良性循环，持续打胜仗。这种以打胜仗为中心的实战型团建，才是最有效的团建。实战型团建共分为三个阶段，每个阶段的具体做法如表10-4所示。

表10-4　实战型团建的阶段及具体做法

| 阶段 | 关键词 | 具体做法 |
|---|---|---|
| 策划组织 | 有仗要打 | 将团队承担的重要工作变成有挑战性的项目，并提出激动人心的目标 |
| | 目标到人 | 将项目的整体目标划分为各个阶段性的小目标，并将目标分解到每一位团队成员 |
| | 共创打法 | 带领团队成员共创打法，而不是由管理者一个人发号施令，对团队成员的工作指手画脚 |
| | 明确激励 | 明确目标达成后对团队和个人的好处是什么，即物质激励和荣誉激励 |
| | 开启动会 | 举行启动会（宣誓、立"军令状"等），让团队成员的状态在仪式的氛围中激发出来 |
| 营造氛围 | 树立信心 | 不断播报实时的业绩数据和战报，让团队成员相信目标可以达成 |
| | 打造标杆 | 快速找到目标达成较好的标杆，快速总结有效方法并向其他团队成员推广 |
| | 辅导后进 | 对落后者进行辅导，必要时管理者要亲自下场打样，帮助落后者取得结果 |

（续）

| 阶段 | 关键词 | 具体做法 |
|---|---|---|
| 营造氛围 | 提供支持 | 当遇到困难与阻力时，管理者应及时出面帮助团队成员寻找解决办法或协调资源支持他们 |
| | 及时激励 | 对目标达成较好的团队成员给予及时的激励，充分调动团队成员的积极性 |
| 总结表彰 | 定期复盘 | 定期进行数据分析与复盘，发现存在的问题，寻找根本原因，并调整策略 |
| | 庆祝胜利 | 取得阶段成果后，举办表彰等庆祝活动。小胜仗小庆祝，大胜利大庆祝，可以与聚餐、娱乐相结合 |

实战型团建一般以战役的形式展开，贯以"××计划""××行动""××项目"的名称。在月末、季度末、年底的业绩冲刺，或某个重大项目的攻坚时，通常会展开实战型团建。实战型团建的名称要尽量朗朗上口，蕴含正向的激励作用，能够赋予团队成员使命与荣耀，如果还能与某个历史典故相结合则更佳。例如，"定军山计划""上甘岭战役""狼牙山突围战"等。

对团队成员而言，通过打胜仗，他们能获得前所未有的成就感，工作能力得到锻炼，感到之前的苦与累都是值得的；同时也能体会到工作中的困难不可怕，只要有必胜的信心，就有很大可能达成目标，这种信心其实比黄金还宝贵。

而达成目标后的表彰等庆祝活动，则可以让大家享受团队胜利的成果与欢乐。这种欢乐会铭记在每个团队成员的心中，成为他们追求下一次胜仗的欲望与动力，带动他们自发地奋斗与协作。对团队成员而言，达成管理者制定的目标不再是为了完成要求，而是一种血性、习惯和享受。

# 实战案例：一场团队文化的塑造之旅

Y公司是一家新零售公司，成立于2010年，经历过E轮融资之后，人员规模从几百人扩充到近3000人。随着团队规模的壮大，不断有来自同行和跨行业的中高层核心人才加入进来，但问题也随之而来——大家来自不同行业和不同公司，价值观、管理理念、做事方法上都存在较大差异，对公司战略和文化的理解也不到位。

因此，Y公司董事长希望举行一次高强度的中高层团建，既能锻炼团队成员的意志力、耐力，还能促进彼此之间的融合与信任，进一步统一思想，增强团队的凝聚力和向心力。

团建的主要方式是戈壁徒步，采用分组竞赛方式，将50多人分为5组。Y公司提前2个月确定了行程，并让大家提前购买装备（主要是登山杖、登山鞋、太阳镜等）和做适当训练，部分装备由公司统一配备，比如衣服，这是为了统一着装，展示集体精神面貌。Y公司中高层团建行程安排如下（见表10-5）。

Y公司选择在敦煌的戈壁地带进行团建，这样的环境本身就充满了挑战和未知。从沙丘、山坡到沼泽地，复杂多变的地形让徒步过程变得更加艰难。然而，正是这种艰苦的环境，使得团队成员必须紧密合作、相互支持，才能共同面对困难，完成徒步任务。

## 表10-5　Y公司中高层团建行程安排

| 时间 | 环节 | 具体安排 |
|---|---|---|
| 第一天 | 抵达敦煌 | 团队成员上午从各地飞敦煌，下午到达酒店。晚上集合介绍行程安排、分组和游戏规则 |
| 第二天 | 徒步30公里 | 9点举行出征仪式。之后分组进行徒步竞赛，要求每组必须淘汰一名组员，被淘汰者由其他组挑选。晚上在戈壁露营，晚餐后进行价值观与"高压线"讲解，组织篝火晚会 |
| 第三天 | 徒步35公里 | 分组进行徒步竞赛，要求每组必须淘汰一名组员，被淘汰者由其他组挑选。晚上在戈壁露营，晚餐后进行领导力模型研讨共创 |
| 第四天 | 徒步33公里 | 分组进行徒步竞赛，16点到达终点。回酒店休整后晚上举行庆功宴和颁奖仪式，分享徒步心得 |
| 第五天 | 回程 | 上午参观月牙泉，下午坐飞机回各地 |

第一天有一组的一位女生因身体比较肥胖，刚徒步15公里左右就体力不支了，整个小组成员轮流搀扶着她走到终点，虽然整个小组的行走速度变慢，最后一名到达终点，但是他们在这个过程中展现出来的团队协作精神鼓舞了大家。

Y公司要求每组每天必须淘汰一名成员，非常残酷，把对人性的考验发挥得淋漓尽致。

在团建过程中，Y公司还巧妙地融入了价值观讲解和领导力模型研讨共创环节。Y公司在晚上的露营时间组织大家深入讨论公司的价值观、明确行为要求，使得每个团队成员都能够深刻理解并认同公司的文化。同时，领导力模型的研讨共创也为团队成员提供了一个思考和学习的机会，有助于提升大家的领导力和团队协作水平。

Y公司还组织了篝火晚会，拉近了大家的距离，增进了友谊。

第四天晚上举行了庆功宴和颁奖仪式，大家在这几天共同经历过很多，因此每个人都有很多感慨的话要说，有相互之间的感谢，还有与工作相关的收获与体会。

在活动过程中，Y公司还聘请了专业摄影师进行摄像和摄影，活动结束后给每人发送珍贵的照片和录像。

这次团建还提供了一个观察和评估团队成员的机会。通过对团队成员在活动中的表现进行观察和评估，Y公司可以更加深入地了解他们的责任担当、团队协作、沟通协调等方面的能力，为后续的人才选拔和培养提供有力依据。

总之，这次敦煌戈壁徒步是一次生活团建与思想团建相结合的完美实践。它不仅锻炼了团队成员的身体素质，还促进了彼此之间的融合与信任，提升了团队的凝聚力和向心力。同时，通过价值观讲解和领导力模型研讨共创，进一步统一了团队成员的思想，为Y公司的发展奠定了坚实的基础。

# 参考文献

［1］德鲁克. 卓有成效的管理者：55 周年新译本［M］. 辛弘，译. 北京：机械工业出版社，2022.

［2］德鲁克. 管理的实践［M］. 齐若兰，译. 北京：机械工业出版社，2018.

［3］韦尔奇 J，韦尔奇 S. 赢：韦尔奇一生的管理智慧［M］. 余江，玉书，译. 北京：中信出版集团股份有限公司，2017.

［4］稻盛和夫. 活法：珍藏版［M］. 曹岫云，译. 北京：东方出版社，2013.

［5］稻盛和夫. 干法［M］. 曹岫云，译. 北京：机械工业出版社，2015.

［6］稻盛和夫. 经营十二条［M］. 曹岫云，曹寓刚，译. 杭州：浙江人民出版社，2023.

［7］曾双喜，徐金菁. 自我发展：个体时代如何释放自我价值［M］. 北京：电子工业出版社，2019.

［8］曾双喜. 超级面试官：快速提升识人技能的面试实战手册［M］. 北京：人民邮电出版社，2020.

［9］曾双喜. 盘活人才资产：以人才盘点打造高效人才梯队［M］. 北京：人民邮电出版社，2022.

［10］艾利克森，普尔. 刻意练习：如何从新手到大师［M］. 王正林，译. 北京：机械工业出版社，2016.

［11］达利欧. 原则［M］. 刘波，綦相，译. 北京：中信出版社，2018.

［12］明托. 金字塔原理［M］. 汪洱，高愉，译. 海口：南海出版公司，2013.

［13］纽波特. 深度工作：如何有效使用每一点脑力［M］. 宋伟，译. 南昌：江西人民出版社，2017.

［14］柯维. 高效能人士的七个习惯：20周年纪念版［M］. 高新勇，王赤兵，葛雪蕾，译. 北京：中国青年出版社，2010.

［15］兰德尔. 时间管理：如何充分利用你的24小时［M］. 舒建广，译. 上海：上海交通大学出版社，2012.

［16］格蕾. 管理你的每一天［M］. 刘帅，译. 北京：化学工业出版社，2015.

［17］安肯三世. 别让猴子跳回背上：为什么领导没时间，下属没事做？［M］. 陈美岑，译. 杭州：浙江人民出版社，2013.

［18］邱昭良. 复盘＋：把经验转化为能力：第2版［M］. 北京：机械工业出版社，2016.

［19］沈磊. 复盘：复盘3.0时代，如何"从破到立"，避开"深坑问题"［M］. 杭州：浙江教育出版社，2023.

［20］佐藤将之. 贝佐斯如何开会［M］. 张含笑，译. 沈阳：万卷出版公司，2021.

［21］罗格柏格. 学会开会［M］. 董莹，译. 北京：中国青年出版社，2021.

［22］布朗，基利．学会提问：原书第 12 版［M］．许蔚翰，吴礼敬，译．
北京：机械工业出版社，2021．

［23］吴建国．华为团队工作法［M］．北京：中信出版集团股份有限公
司，2019．

［24］王建和．阿里巴巴管理三板斧：阿里铁军团队管理实战教程［M］．
北京：机械工业出版社，2019．

［25］王建和，王中伟．阿里巴巴基本动作：管理者必须修炼的 24 个基本
动作［M］．北京：中信出版集团股份有限公司，2020．

［26］俞朝翎．干就对了：业绩增长九大关键［M］．北京：中信出版集团
股份有限公司，2020．

［27］宫玉振．善战者说：孙子兵法与取胜法则十二讲［M］．北京：中信
出版集团股份有限公司，2020．

［28］刘澜．领导力：解决挑战性难题［M］．北京：北京大学出版社，
2018．

［29］熊勇清．管理学：原理、方法与案例［M］．上海：复旦大学出版
社，2011．

［30］谢克海．谁上谁下：清晰区分企业人才的"361 体系"——基于实
践层面的人力资源战略管理决策［J］．管理世界，2019，35（4）：
160-170，188．